衣（ころも）風土記 I

松岡 未紗

法政大学出版局

扉写真＝夜具地継当布（明治時代）

目次

■北海道篇 1
アイヌのきもの 3
アイヌ・愛と祈りの女文様 13
女の身を守り飾るもの 25
アイヌの昔話 33
桑園碑 37
八王子千人同心 46
北海道藍に夢をたくした人 49
明治七年掲げられた屋号 55
運上家 60
■青森篇 63
津軽こぎん 65
日本一の桑の木 70

津軽の機織り三話　72
オシラサマ　77

■岩手篇　89
天人兒《てんにんこう》の曼荼羅《まんだら》　91
糸屋治兵衛　98
蚕を護る猫の絵馬　102
御糸良《おしら》神社　108
杼《ひ》や潟《がた》　112

■宮城篇　117
栗駒の藍染め　119
青麻《あおそ》神社　125
佐野製糸の工女墓　131
唐桑半島の桑止り浜　142
染殿神社　146
伊達御供　151
哀感秘めた振袖地蔵　153

紙と養蚕で栄えた白石 ―― 164

■秋田篇 ―― 177

幻の〝ぜんまい白鳥織〟 ―― 179
小田巻の里 ―― 187
ツヅレボロのある村 ―― 190
横手の木綿染めと織り ―― 198
狭布《けふ》の里 ―― 203
桑の木のある武家屋敷 ―― 211
機織村の豊姫と布晒し沼 ―― 216
糸流川 ―― 221
木綿憧憬 ―― 226
端縫《はぬい》衣装と彦三頭巾《ひこざ》 ―― 228
三人姉妹の糸競い ―― 236

北海道篇

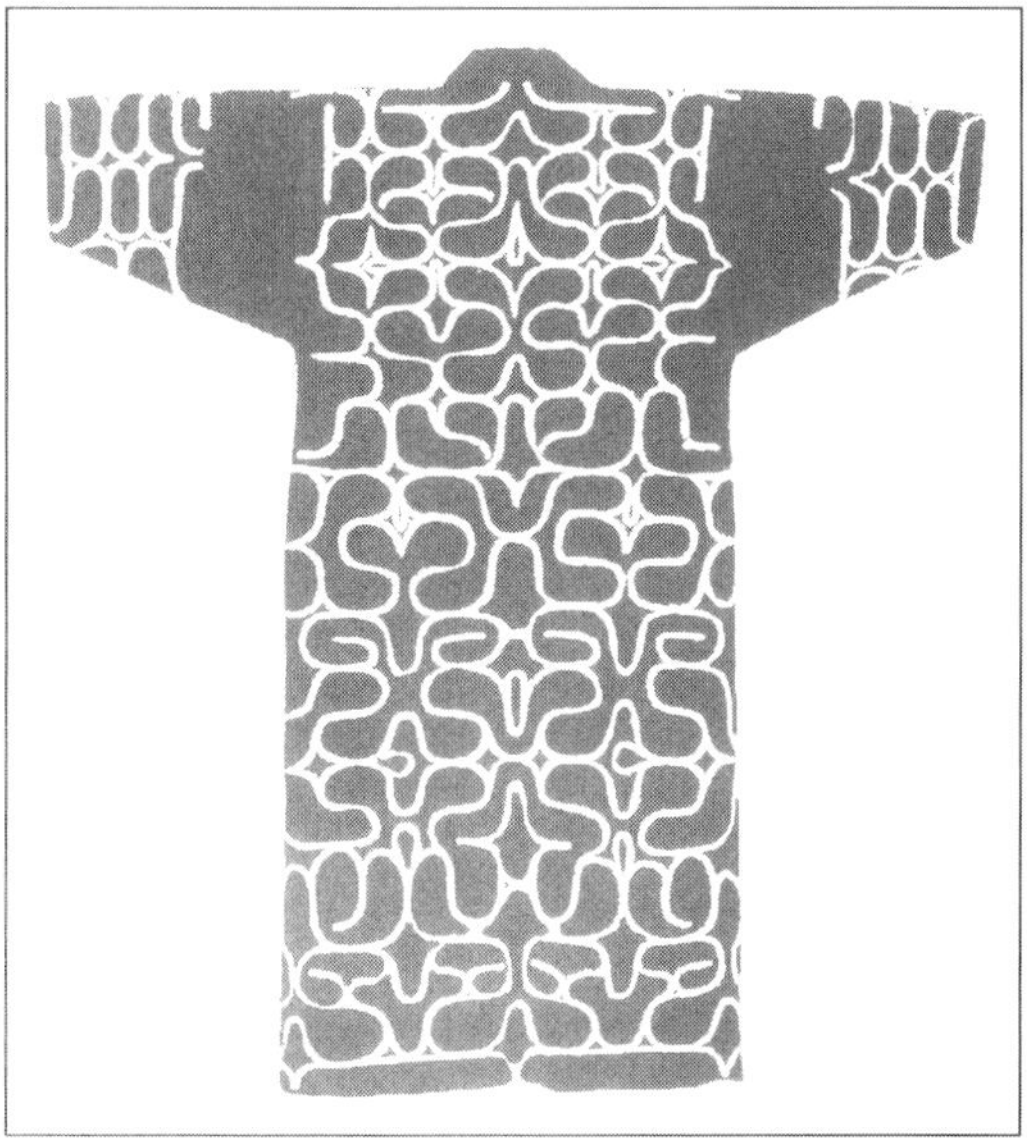

アイヌの“チヂリ”（布に直接刺しゅうしたもの）

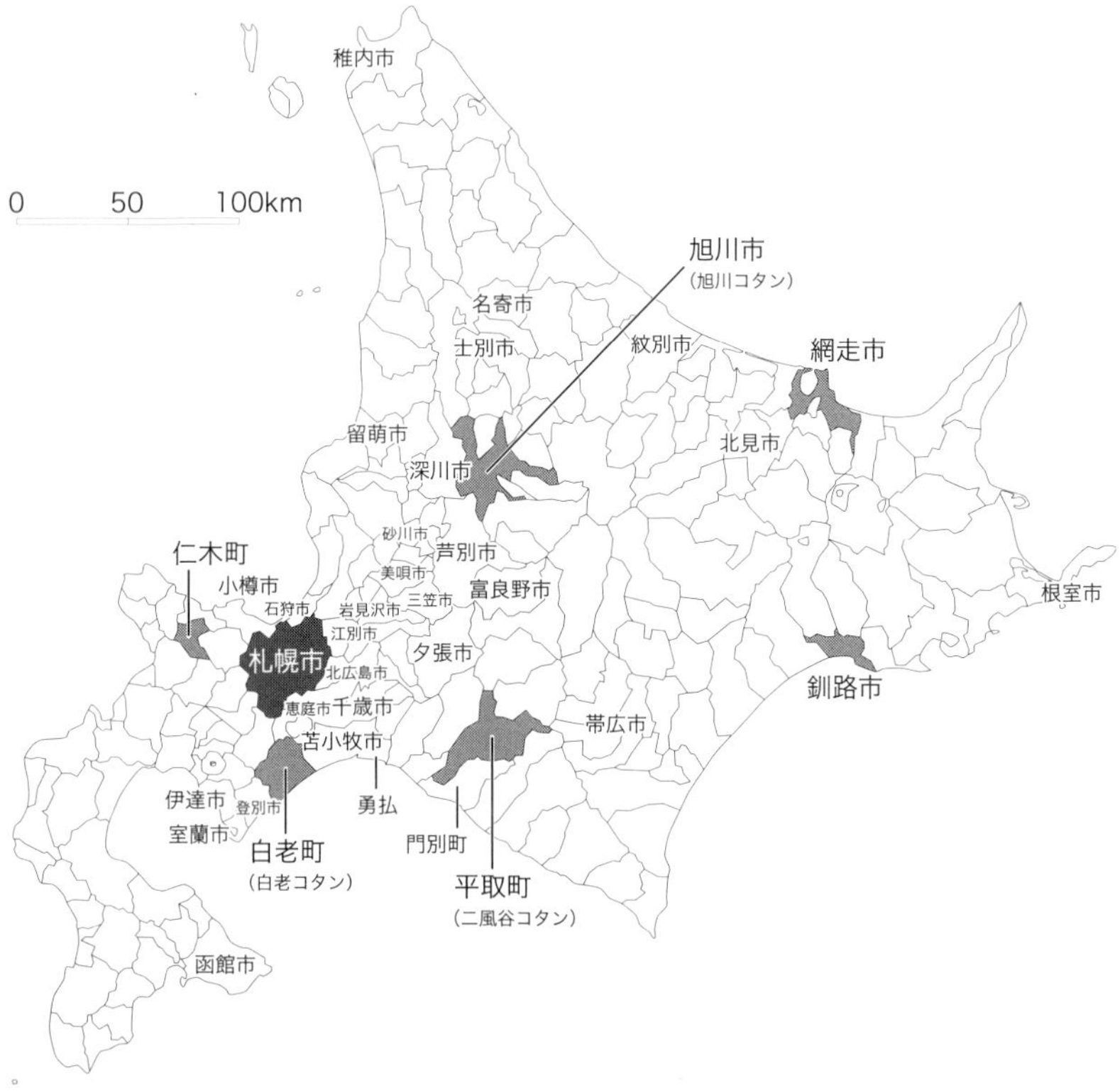

0 50 100km
稚内市
旭川市
(旭川コタン)
名寄市
士別市
紋別市
網走市
留萌市
深川市
北見市
砂川市
芦別市
仁木町
美唄市
富良野市
根室市
小樽市
石狩市
岩見沢市
三笠市
江別市
札幌市
夕張市
北広島市
釧路市
恵庭市
千歳市
帯広市
苫小牧市
伊達市
登別市
勇払
室蘭市
白老町
(白老コタン)
門別町
平取町
(二風谷コタン)
函館市

アイヌのきもの

「神様、あなたの衣の一部を借して下さい」

アイヌの女《ひと》は身につけるきものの原点から祈りの言葉を持っていた。

春四月、山々の雪が解けかかる頃を木の葉の出る月、樹の皮はぐ月と呼び、秋が深くなるまでアイヌの女性達は山に入って、オヒョウダモやシナの木の若木に向かって山刀を振るう。

樹皮をはいでその内皮を糸にし、衽《おくみ》のないもじり袖に対丈《ついたけ》のアツシと呼ばれるきものを作る。

立ち木は四分の一から半分まで皮をはぐと、木に残る皮が風に吹かれぬよう、はいだ皮の一部でくくりつける。立ち木は帯をしめたような姿になり、その根元には次のような言葉とともに、ヒエや煙草が供えられた。

「立ち木の神様よ、わたしはあなたの衣を少し借りました。これはお札です」

立ち木の皮を丸裸になるほどはげばその木は枯れる。自然が教える生活の知恵を、アイヌの先祖達は子孫にこう伝えた。

「木の皮は立ち木の神の衣であり、人間はその神の衣を借りて自分が着る物を与えられるのだから、感謝の気持を立ち木に示せ」と。

〝衣〟にかぎらず、アイヌの世界は自然の恵みにすべて感謝をささげ通す。神々は人間が生きるのに必要な物に、姿を変えて現れると信じるからである。

シナ布を織る（二風谷コタン）

シナ布を織るお婆さん

コタンという集落は現在、旭川、白老《しらおい》、二風谷《にぶたに》の三ヶ所が知られている。その中でも交通が不便な平取《ひらとり》の二風谷で、オヒョウやシナ布を織る七十五歳のお婆さんに出会った。

昔、アイヌの女性は屋外で機《はた》仕事をしていた。家の周囲に一着分の糸端を結びつけ、原始的いざり機《ばた》で織っていたのである。

二風谷のお婆さんは、ダンボール箱に重い石を入れて動かぬようにし、その上に糸端をくくりつけていた。

「このシナ布は何になさるのですか」

「財布や、袋、それにテーブルセンターを作る」

お婆さんは私の細帯しめたきもの姿と下駄が珍しいと口がほぐれ、樹皮の糸ごしらえの話が始まる。

オヒョウの糸は、オヒョウダモという落葉樹の皮を根元から上に向けてはぎ、シナの木は反対に上から根元に向かって皮をはぐ。

その場で内皮を中に合わせ、半分に折った所を反対にして両手にはさみ、よじると、外皮と内皮がきれいに離れようとするので、外皮を歯でくわえてはぎ取り、内皮だけを背負って帰る。

お婆さんは懐かしそうに昔を思い出し、今はオヒョウダモが少なくなったと嘆き出す。

「お婆ちゃんはアイヌの人なんですか」

聞いてしまって私はうろたえた。いけなかったかしら……と。だが笑って答えるお婆さんにほっと救われた。

「おっ母さんが和人だけど、まあアイヌだろうな」

江戸期から明治時代に、本州から海を渡った人々をアイヌでは和人と呼んだ。その和人が押しつけたアイヌの人達への暗い歴史は、多くの書物に記されているが、どの本にも償いが果たされたとは書かれていない。

暗い年月はどこに押しこめられ、アイヌの人達の怒りや哀しみは、湖や川の流れに沈められてしまったのであろうか。

いまアイヌコタンは北海道の観光を担ってさえいる。かつての和人達の子孫に、アイヌの古老は昔の幸せであった生活を見せ、おだやかであった時代を、静かに語り聞かせてもいる。


「お前も機織りを覚えて帰れ」

三十四度とその年最高に暑かった北海道の白老コタンで、メノコ（娘）達の手踊りを見ていて、私は何度も汗を拭った。

屋外の広場で太陽に照らされたせいもあるが、汗に隠れて流れる涙もあった。私の小さな鎮魂の想いは、旭川の熊笹の家、白老の湖や葦の家、二風谷の林をかけ抜けてゆく。

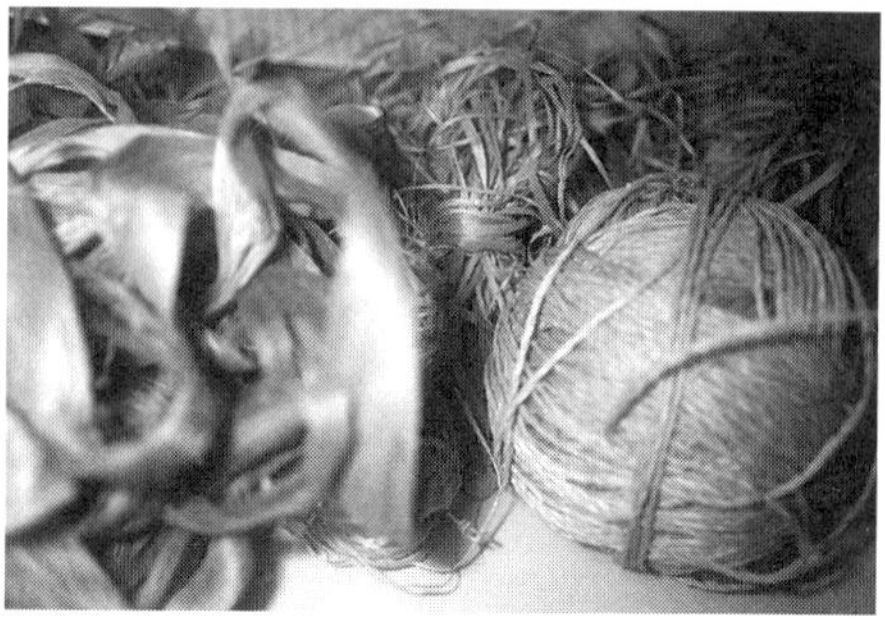

オヒョウの皮（左）と糸

「面倒な話はいつも忘れた振りをする」というお婆さんは、物哀しさを青空にとどけとばかり仰ぐ私に、話の続きを聞けとうながす。

後で判ったことだが、アイヌでは祖父母が昔話を孫に語るとき、聞きたければ話そうという姿勢があったようだ。お話をして下さいと願うのは当然なことである。

「オヒョウダモの皮を夏はいだ時は、あの山の近くの沼に一週間つけて、皮がよく熟れたら引き上げ、川で水洗いし、よく干してからしまっておいたんだ」

「春や秋のものは？」

「これから話そうと思ったに」

お婆さんは少し機嫌が悪くなる。それからも「あのー」といいかけて、私は何度も質問をのみこんだ。お婆さんの目が、黙って聞けとばかり私の言葉をさえぎるからだ。

「春と秋のオヒョウはそのまましまっておく。夏になったら沼につけやいいで。冬になると、しまっておいたオヒョウに水をかけて湿《しめ》らせ、指先で細い糸にさき、撚《よ》りをかけて機結《はたむすび》をして長くつなぎ、へそ巻きの大きな糸玉をこしらえるんだ」

話は脱線が多かったがようやく一段落し、私は織りかけの布を眺め、

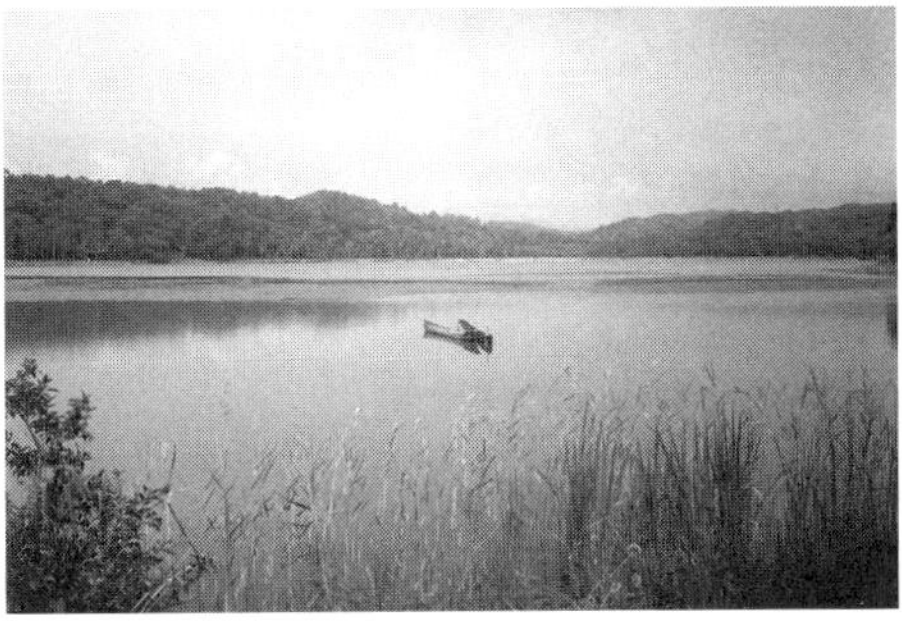

白老コタンは，この湖の傍にある

おはしょりのないアッシを作る寸法は、と考え、「きもの一枚にどのくらいの糸がいるのかな」とつぶやいた。

「二丈五尺から二丈八尺」。即座に返答があり、「一尺に八匁いるから、糸は二百匁ちょっと」

さすがと驚いた私は、きわめて初歩的な質問をしてお婆さんに目をむかれてしまった。

「オヒョウの布とシナ布の違いが判らんって？　こう触って比べてみい、まだ判らにゃ絹と木綿ほどの開きがあるといえば判ろうが。オヒョウのアッシは値も高いが、それだけ手間もかかる」

「それじゃシナ布はアッシにならないの」

「オヒョウが採れんとこではシナの木のアッシも作ったそうだが、わしは作らん」

確かにオヒョウの手触りは柔らかい。シナ布は糸のうちでも堅いため経《たて》糸と緯《よこ》糸のどちらにするかで、処理法を変えたそうである。

冬の間にオヒョウの布を織るから欲しければ手紙をよこせというお婆さんは、「機織りを続けてきたお陰で色々な人が習いにきたから、お前も向かいの宿に泊って覚えて帰れ、教えてやる」と引き止める。

二風谷に輝いていた太陽が傾き始めた。平取行きのバスに飛び乗っ

た私は、同行の恵美《めぐみ》さんから、「ドキドキしました」と囁かれた。
オヒョウの帯やシナ布を買いこんだだけでも、路頭に飢えて帰れぬようになると思ったのに、機織りを習うといい出すのではないかと心配したらしい。
若い彼女は、林をくぐりコタンを歩き回る私を気づかう余り、前や後をかけ回り、アブに手足を刺されていたが、痛みが気にならぬほどアイヌの生活に感動している様子であった。
特に資料館で見た鹿の足の筋や、イラクサの繊維を撚り合わせて縫糸としたこと、一本の針が金物で筒状の針差しに大切にしまわれ、メノコがいつも身につけていたことなど。そして、木綿の糸が手に入るようになって出来たといわれる、クルミの木で作られた糸巻きは、若者達が恋人の為に彫ったという説明は、デザインを学んだだけに、想い入れが深かったのだろう。

植物衣、動物衣、魚皮衣、羽毛衣

樹皮衣はオヒョウやシナの木の他に、ハルニレの皮も用いられていたが、菅江真澄の「蝦夷のてぶり」に記されるのみで文献はない。
ツルウメモドキのつるや、イラクサから織られる布は草衣のアッシ

右頁右：メノコ達の手踊りを見ることができた白老コタン
右頁左：クルミの木で作られた糸巻き

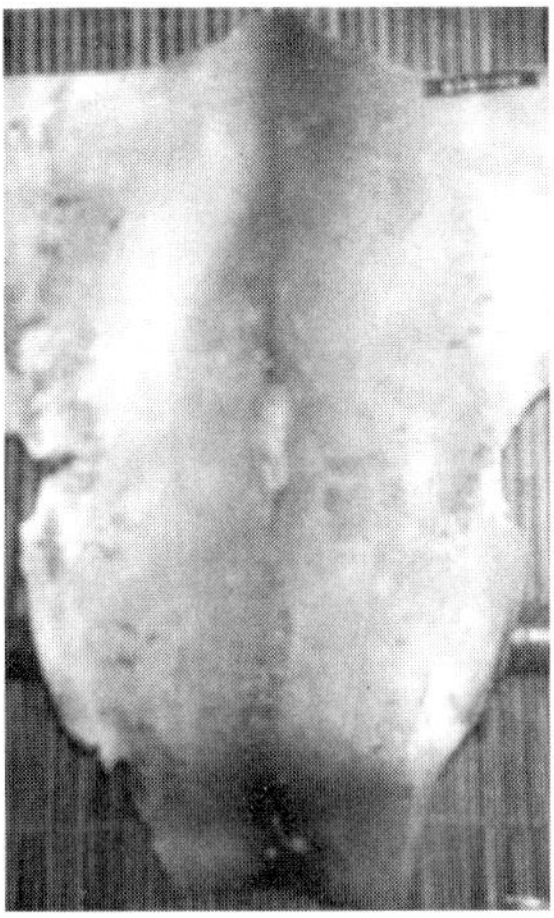
魚皮衣の材料である鮭の皮

となった。これらは共に植物衣に分類されている。

文政六年（一八二三）間宮林蔵がアイヌの衣服として記録しているものは、植物衣の他に内地や他国より外来した衣服と、熊、狐、鹿、犬、兎の毛皮で作る動物衣に、鮭、鱒の魚皮衣、鳥の羽毛衣であった。

樹皮、草衣は伝承を守る人達によって再現もされているが、その他の珍しい衣服は、道内各地の郷土博物館にのみ点在している。

道内に二点という魚皮衣は北大農学部付属の博物館と釧路市立郷土博物館に一点ずつ所蔵されている。釧路まで出向いた私は、一メートル先まで煙る名物の霧雨の中を博物館へと急いだ。

さすがに広い北海道では、私の口ぐせの「ちょっと行ってきます」は通用しない。列車の中で時間がどんどん過ぎ去ってゆく。

ガラス越しではあるが、ようやく対面した魚皮衣は、国内に数点あるうちで、製作地が樺太とはっきりしている唯一の物で、鮭の皮から作られていた。

鮭の皮で作られた靴.
1足につき4匹分の
皮が必要だという

三尺一寸余りの長さに筒状の袖がついた単衣《ひとえ》仕立ての衣服は、腰に切替があり裾広がりになっている。補修されたらしい部分の皮は鮭ではないらしい。

袖口と裾にはアザラシの皮が使ってあり、オットセイの皮も混じっているという。よほど貴重だったのか木綿の布が衿、袖口、裾の二段に飾りのように縫いつけられてあった。

この魚皮衣は明治の末まで雨具として用いたそうだが、道内でも知らぬ人が多く、現存していても忘れられてしまった衣服である。

一枚を製作するには鮭が四十四から五十四を要したといい、着るのは女性に限られていた。

目の前の魚皮衣は晴着であったかも知れぬ。作りあげるまでの喜びと苦労、着心地はどうなのであろう。どんな女性の身を装ったのか、遠い昔を追いかけ、ウロコが浮く衣をしっかりと目に焼きつけさせなければと、私はガラスにへばりついて時の経つのも忘れ、館内の騒音すら耳に入らなかった。

衣服にする皮は、秋の終りに産卵を済ませ、体の弱った鮭が浅瀬に打ちあげられたものを背開きにして干し、身と皮をはいで貯蔵する。

地方によっては衣服は作らないが靴は作ったようである。これにも鮭四匹が必要であったそうだ。鮭の靴は思いのほか丈夫で、一足で一冬過ごせたという。

網走のジャッカ・ドフニ（北方少数民族館）では、アザラシの皮服、靴、手袋が見られる。鳥の羽毛衣はエトピリカ、カモ、ウ、アホウ鳥の羽を使うが、一枚の服に約五十羽の羽毛を集めねばならなかった。袖口、衿、裾はラッコの毛皮を飾りとした。

女性は皮衣の下にモウルという下着を着た。それには鹿のなめし皮やムジナの皮を用いたという。

白老の博物館で折よく北方民族展が催されていて、ジャコウ鹿の皮衣、鳥の羽毛衣と出合え、極寒の地に生きた人々が、〝衣〟にかけた知恵を学ぶことが出来た。

アイヌの酋長の陣羽織

外来したという衣服で本州からのものは、コンソテと称される打掛、絹小袖、陣羽織があり、これらはアイヌの酋長達がアツシの上に羽織って、盛装用となり、陣羽織などは人前に出るとき必ず着なければならない物のようになっていた。

本州でも室町時代から桃山時代に渡来した、ポルトガル人の衣服を真似て着始めた陣羽織であったが、アイヌの古老達が好むので、交易によってさかんに移入されたという。

そういえば旭川と白老のコタンの酋長達が陣羽織姿であったことを思い出す。

交易といえば清国《しんこく》が治めた山丹地方との進貢交易によって、樺太アイヌは山丹服を手に入れている。唐衣、山丹錦、蝦夷錦の名を持つこの衣服は、藍無地に金糸で雲龍波文が織られた素晴しいものである。

アザラシの皮一枚で酒一升、四枚の皮は八升米俵と交換された江戸時代、この山丹服は、古い文献によると米俵十俵から二十俵の値がついていたらしく、服一枚得るために四十枚から八十八枚のアザラシの皮を用意しなければならぬほど高価な品であったらしい。

文禄二年（一五九三）松前藩主が江戸に出向いた折、家康から所望されたと伝わる話からもその値打がうなずけよう。

金糸入りの山丹服と陣羽織、打掛、小袖は釧路の郷土博物館、蝦夷錦の山丹服は網走の博物館のガラスケースにおさまっている。

アイヌはかつて樺太、千島列島、北海道から東北地方の青森、秋田、岩手まで広範囲に住んでいた。それらすべてのアイヌは漁と狩り、山菜採りが生活の基盤で、集落は川や湖のほとりに定め、寒冷地であっても、恵まれた自然の中で民族の長い歴史を培っていた。本州にアイヌありと知られるのは、平安時代の末期といわれている。

内地アイヌと呼ばれた青森地方の人々のアツシを、下北半島を旅していて見る機会があり、それ以来、私の北海道行きはゆれ動いて決まらなかった。

各地のアイヌ同士が交換したらしい、アツシの裏や部分に用いられている木綿の布の傷みは激しく、一枚の衣類をこんなにボロボロになるまで着て暮らさねばならぬほど衣服が乏しかったのかと胸が痛く、想いは北に飛びながら、なぜか足がすくんでいた。

暗い歴史をまざまざと知り、アイヌの哀しみにも触れてしまったが、それ以上にアイヌ独特というか、アイヌならではの生活と文化を、ほんのさわりだけでも知り得た感動は深い。

私はアイヌの人々のように、天地自然に感謝して生きてきたであろうか……。

アイヌ・愛と祈りの女文様

針仕事に
わき目もふらず
自身をうちこんで
縫取をしてわれ見てみると
なんとまあ巧妙に
ものされることだったろう
その針仕事のものが
あまたの神雲となり
数々の神雲となりたち昇る
大きな渦文が
うねうねまわって
その渦文のあいだに
あまたの金色の小渦文が
数々の金色の小渦文が

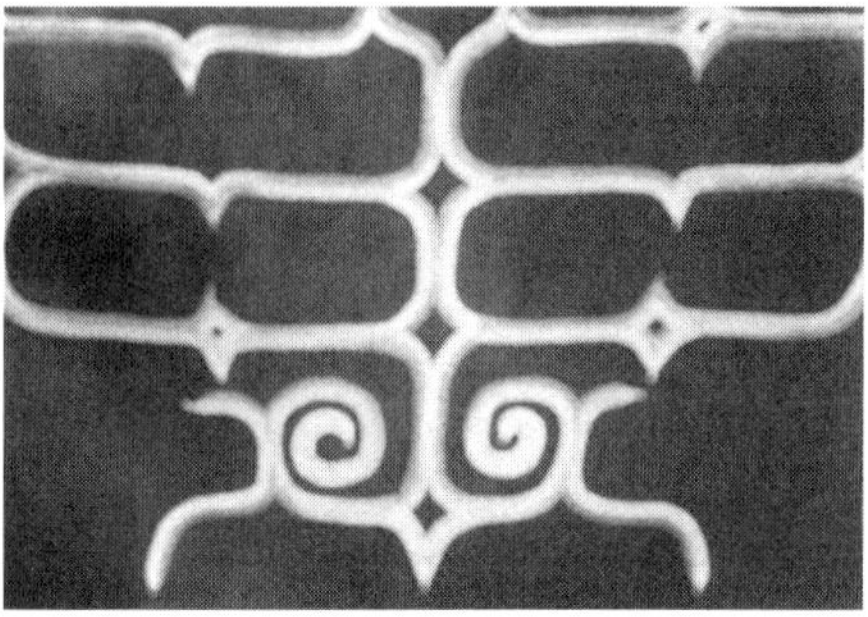

フクロウの目のような神の目（モレウ）とアイウシ

うちつづいて
渦文のあいだを埋めている
おもしろや　たのしや
針のあとに目をじいっとつけ
針の先へ目をそそぎつつ
毎日刺しゅうを
こととしつつあった

アイヌの女性達が、衣服に魂を込めて刺しゅうする姿をうたったこの神謡は、金田一京助博士が訳された『ユーカラ集』IIにある。

神の目

詩のなかの神雲、渦、小渦は、文様となって衣服を初め、生活に関わる用具の総てを彩《いろ》どり、図柄が相対し連続する中心には、必ず神の目なる文様がほどこされるという。

生活用具、すなわち木を使った物に小刀一丁で文様を彫るのは、男の手技であり、衣服、服飾に針一本で文様を描くのは女の技である。

神の目は衣服の前身頃、袖口、裾にも見られるが、特に背は大切であって、他が違う文様でおおわれていても、この箇所には両眼が光る。

博物館、資料館に収蔵されている何十枚かのアッシを、一枚一枚思い出してみれば、私は神の目と知らぬままに、フクロウの目のようだと眺めていた。

単純に背の守りをフクロウに託していると想像したが、守りは守りでも意味深く、神の目は邪神を払う重要な役目の文様であり、フクロウには違いなかったが、この鳥はコタンを守護する神であった。

夜明けまでランランと光る目を持つ鳥は、人間が眠るあいだも魔物を寄せつけず、守り通してくれると信じた感謝が、神の目となったのであろうか。

ガラスをへだてていてもアッシ達の背にある目は、迫力があって前に立つ者を瞬間たじろがせもする。

文様に秘められた信仰

私が求めた袢天のように短い上着は、紺無地木綿に緑、赤、白の糸で袖口、衿、前身、背、裾に鎖ぬい（チェーン・ステッチ）が三本並んで、アイウシという文様を連ねている。

アイウシとは〝刺のある〟という意味を持つが、魚を採る網を横に引っぱったような形で、〝ゆるやかに曲る〟の意味から渦文と称されるモレウの二つがアイヌ文様を代表し、ほとんどの衣服に見かけることができる。

その他に花、蕾、芽、釣鐘、菱、三角、ハート、唐草（つる草）を示す文様があり、それらが見事に繋がり、組み合わされて衣服におさまるのである。

ハート，釣鐘，つる草といった文様が見られる

たとえばアイウシとモレウにフクロウ神の目だけと思っていた文様のすき間に、大小さまざまな菱形が埋まっている。

魔物が背後や各所からもぐり込もうとしても、網に引っかかり渦に巻かれ神の目は睨む、わずかなすき間は菱がはばむということになるのであろうか。

二風谷の萱野氏の著書によれば、古いアツシは袖口、衿、裾だけ文様がほどこされていたとされ、その文様も縄をアレンジしたのではないかと記されている。

その縄文様は魔物の侵入を防ぎ、縄が取巻く範囲は安全と信じられたと思われる。素朴な信仰や祈りから生まれた文様は、衣服の素材が豊かになるにつれ、複雑になっていったのかも知れない。

独特な刺しゅう文様

文様を刺しゅうで表す場合、鎖ぬいと絡《からみ》ぬい（コード・ステッチ）を主とするが、ときには羽伏ぬい（フェザー・ステッチ）、走りぬい（ランニング・ステッチ）、線ぬい（アウトライン・ステッチ）、かがりぬい（デーニング・ステッチ）、返しぬい（バック・ステッチ）、十字ぬい（クロス・ステッチ）の技法も用いられていたらしい。

刺しゅうとは、身にまとうものを人間が必要としてから生まれた裁縫技術から、装いを飾るため技《わざ》をのばした分野で、わが国には六世紀頃伝わり、もっぱら、ぬい仏《ほとけ》や幡《はた》が製作されていたが、平安時代（七九四—一一九二）から衣服にほどこされるようになった。

鎖ぬいも中国では漢代（紀元前二〇二—後二二〇）より唐代（六一八—九〇七）に盛んで、奈良時代（七〇一—八四）にわが国へ伝わっていて京都山科の勧修寺にある鎖ぬい仏が国宝となっている。

さらに刺しゅうの原点を追えば、古代アッシリアが発祥で、オリエントにおいて、著しく発達したという。

奈良朝に伝わっていた鎖ぬいは、わが国の刺しゅうから姿を消していた時期があったのか、私の知識の乏しさからかも知れぬが、フランス刺しゅうの世界と思っていた。

アイヌへはどのようにして伝わったのであろう。おのずから人間が生み出す知恵なのか……。

確かな年代は判らないが、私の手もとにカルカッタの古い鎖ぬいが刺《さ》された布がある。現地に長い間滞在していた人から贈られたものであるがアイヌの短か着と並べてみた。

国も時代も差がありすぎるのに、その技法は同じ女性が針を運んだかと思うほどよどみなく、整然と美しい。

カルカッタの布は同じような文様を連ねつつ、華やかな草花を表しているのに対し、アイヌの鎖ぬいは写実的な文様を形どっておらず、風土の違いにもよろうが、人間の持つ信仰のあり方に関わって、文様というものは生まれ、定まってくるように思われる。

敬虔な祈りと守りの文様は、やはりアイヌ独特のものであろう。針の乱れもない美しい糸道をみつ

ハマナスの花で赤い色を染めた

めていると、せつなくて胸がつまる。

手馴れたらこのくらいは出来るという人もいると思うが、技を追うだけでは心はこもるまい。

刺しゅう用の糸はイラクサから木綿糸と変わっていった。ハマナスの花や他の花々の渋《しぶ》で赤い色、黒百合、ガンコウランの実は紫の色、黄色はシコロの内皮、エゾタイセイで藍の色に染めて使われた。

布に直接文様を刺しゅうする衣服のほとんどは鎖ぬいの技法だが、年代も新しく、格もやや低く扱われていたようである。

その理由は糸ごしらえから始まって、手間暇かけて衣服は作るものだという概念が、容易に着用出来てしまうことに対する批判も含んでいたのではなかろうか。この衣服はチヂリという名を持つ。

伝承の担い手は……

とやかくいっても明治時代の末まで、東北一帯の人々はアイヌに限らず、木綿を求めたのは事実で、アイヌの人達も絹や木綿に憧れたのは当然のことである。

江戸時代から送り続けられた古着を、何とかして手に入れたいと願ったとも思う。

現在観光地となっているコタンでその鎖ぬい文様の衣服をよく見かけたが、素材は木綿からウール、化学繊維と変わり、文様はミシン刺しゅうによるものも混じっていた。

アイヌ文様は、最近若い人達の間で静かなブームとなっているという。現代っ子が貸衣裳で、たちまちアイヌメノコに早変わりして、カメラに向かいにっこり笑う。

文様の意味も、チヂリの名の変形した衣服を着ていることも彼女達には興味のないことで、手のあとをたどろうとしているほうが、変わり者に見られたと思う。

土産用やメノコの踊衣裳の文様が染め抜かれていることに淋しさを感じたのは、私一人かも知れない。

「判っているわ、無理もないわ」と承知しているくせに、時代の流れをどこかで認めようとしない、意固地な女は、どんな顔をしてコタンで時を過していたかと苦笑もするが、ただ言えることは、確かな伝承の担い手が育っているのかと案じられてならなかったのである。

鎖ぬいに少々こだわってしまったが、アツシには縦に縞を織り込み、縞文様と呼んだものもあった。オヒョウやシナの糸を縞の分だけ染めたが、黒はクルミ、カツラ、カシワの内皮の煮出した汁につけてから鉄分を含んだ水に浸し発色させ、茶褐色も同じように、ハンの木の煮出し汁につけたのち沼に浸したそうだ。

渋い色合の縞アツシは袖口、衿、裾にだけ黒木綿を細くふちどり、女性や子供の常着であったが、それには刺しゅう文様はつけなかった。

樹皮や草衣で困ったと思われる裁ち切りの始末は、布によって解決し、補強もかね、縞の単純さえ強調するアクセントとなったのであろう。

木綿と切伏せ文様

北海道開拓が進み和人が多くなれば、アイヌの人達への圧迫も激しくなったに違いないが、哀しさとは裏腹に、切望した絹や木綿の古着は手に入れやすくなった。

貴重な布は傷みを恐れるかのように大切に用いられ、初めは袖口、衿、裾回りをおおったが、アッシの裏に刺し子のように綴じつけたり、袖、肩、背、腰と部分縫いもされた。

小さな端片でも古びた布でも捨てることはなく、二センチから三センチの細い紐にして、アッシの上に直線、曲線のアイヌ文様を巧みに伏せ置き、かがりつけたのである。

切伏せ文様となったその上やすき間をさらに刺しゅうで重ね、アイヌ文様はいよいよ独特になっていった。

アップリケという表現しか見当らないのは残念であるが、切伏せ文様のアッシには、計算出来ない日数と針目のあとが、まざまざと残っている。

もちろん晴着であるから念入りな仕事とは思うが、三年もかかった細やかで素晴しい文様を目にすれば、誰しも息をのむと思う。

漁や狩りの獲物との交換、あるいは不当な労役の代償によっても得たであろう古着は、男仕立ての着物だけは袖を直して形を止め、切伏せや刺しゅうをした。また、地厚な木綿の縞着物には黒や紺木綿を切伏せ、背一面に文様をつける地方もあった。

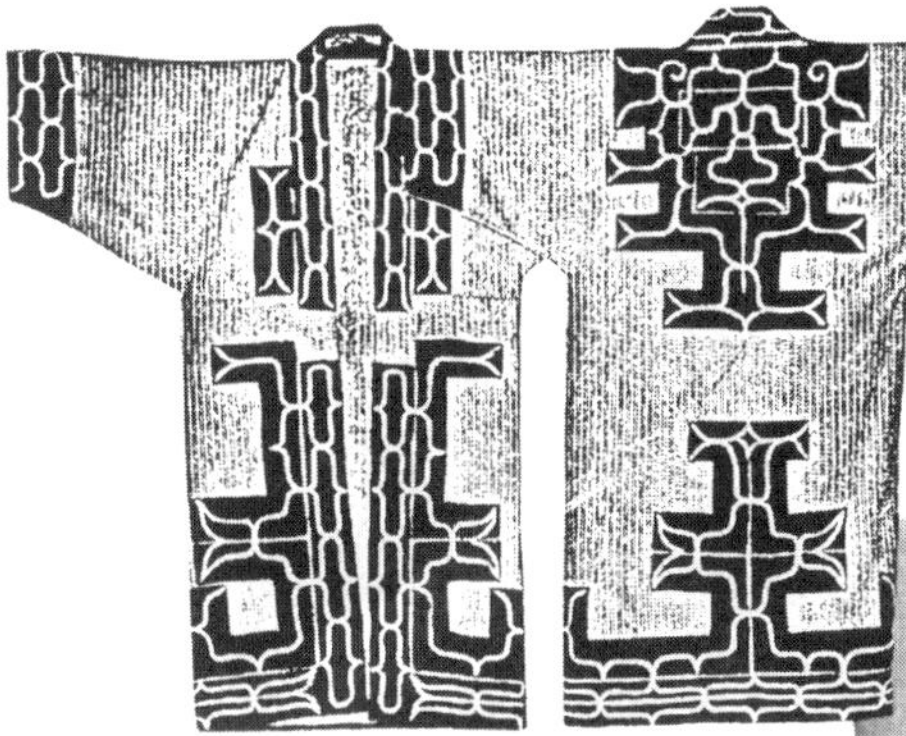

上：縞物に見事な切伏せ文様が施された
チカルカルペの表側（左）と背側

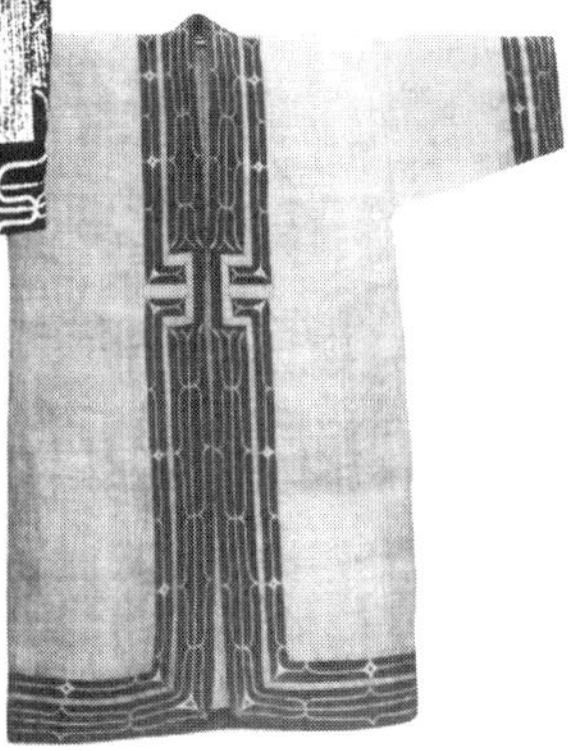

右：アイウシ文様の一般的なアツシ

格子の木綿着物に色布を切伏せて作られたルウンペ

曲線文様の美しいカバラミブ

厚地の縞物は本州の漁師達が舟で着たサックリのように見受けられたが、薄手の木綿は色々な布をつぎ足して裏をつけ、見事な切伏せ文様が本体の木綿の色や文様を損なうことなくほどこされている。考えれば不調和ともいえるこの種の衣服は、チカルカルぺという。

無地っぽいもの、細《こま》かな格子などの本綿ぎものの裾や袖をつめ、絹や木綿の色布を切伏せて作る衣服はルウンぺといい、紺や黒で切伏せ文様をする衣服より華やかだけに、手が込んだ文様のように思われた。

大正時代になってからといわれる文様で、広幅の白木綿を背一杯にあてたり、腰から前身までぐるりと布を横地に使って、直線、曲線文様を切抜いた衣服は、カバラミブと呼ばれ、切伏せより早く仕上り文様も大胆であったが、本来のアイヌ文様でないと否定する地方もあったようだ。

神様から与えられたオヒョウやシナの糸で織るアッシに、祈りの文様を刺しゅうした衣服が、アイヌの人達にとって本来の装束であった時代はいつ終ったのだろう。

二風谷のお婆さん

昔より華やいだ現代風な切伏せの布を置き、背に刺しゅうを散りば

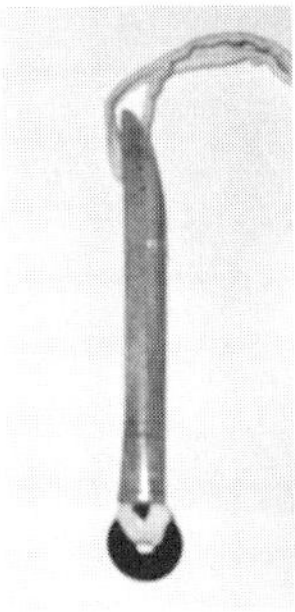
貴重な縫い針は，この針刺しに入れた

現代的な切伏せ文様のオヒョウのアツシ

めたオヒョウのアツシが二風谷で作られていた。

「平取《ひらとり》は遠いよ、不便だよ」、あるいは「行っても無駄だ淋しい所だ」とまで言う人もあったが、それならなおさら行かなければと、私は予定を変えなかった。

ふたつのゆるやかな丘の谷間にあるその里までは、バスや汽車の乗り換えを繰り返し、広い勇払《ゆうふつ》平野を横切らねばならない。

観光的になり過ぎていない二風谷に着いて、ようやく私はアイヌの人達の歴史の中に自然に馴染んでいけそうで嬉しかった。

私はアイヌの人や文化・生活を見に来たのではない。私達と同化した人々に出会いたかったし、文化・生活に触れ、その国に生きた人間の知恵をたたえたかったのである。

「死ぬまで機を織るよ、刺しゅうもする。知ってることは若い人にみんな教えていく」。そう言うお婆さんに出会えて、私の胸のつかえはなくなっていた。

お婆さんの刺す針あとは〝とがり〟がピンとそって張

りがある。「うん」とうなった私は、「この〝とがり〟がキリッと出来るまでがむずかしい」と教わる。

子供の頃から針を持つアイヌの女性は、今の豊かさが信じられぬほど布も大切だったけれど、針はことのほか尊く、開拓地の人と、アッシ一枚と二本の針を交換した話があるという。

「たった二本で」と、あとが続かぬ私の言葉をさらってお婆さんは、それでも「針がなきゃあイカラカラが出来んから、仕方がなかった」と言いきる。イカラカラとは刺しゅうのアイヌ語である。

衣服を飾るだけではない刺しゅうのアイヌ文様は、共存した神を信じ、祈りと魔除けの意味があった。わが身だけでなく、愛する家族のために心がこもった。

その文様の数々は母から伝えられたが、文字を必要としなかった人々だけに、地面に木の枝で描いて教わったという。

手仕事だから二枚と同じものはない。驚きを私は繰り返してばかりいるが、当然使うと思う裁縫用具はなく、寸法どりは手ばかりで、下描きもないまま文様を連続させたり、対称に刺すことが出来るのである。

細い布すら思い通りの曲線となって、指に沿ってくるそうだ。精神を統一すれば図柄は先へ先へと浮き上ってくるのだろうか。

二風谷で沢山の文様をスイスイと描けるのは、私が仲良くなったお婆さんだという。

一つだけでいいとせがんだ私は、指先でコンクリートの道に描かれる文様を自分でもなぞってみたが、舗装道路に文様の形は残らず、影すらも吸われて消えてしまう。「こうですね、こうでしたね」。私の指は空しく道をはいまわった。

切伏せなど及びもつかぬが、鎖ぬいならと、仕事部屋に飾った短着《みじかぎ》の前で、二針さしてひとすくいして針に糸をかけ鎖を作ってみたが、下絵がなくては曲線などおぼつかない。

改めてアイヌの女性達の素晴しい手技に感心してしまう。彼女達が衣服にほどこした数々の文様は、まさしく女が生みだした女だけのもの。愛と祈りの女文様といえよう。

女の身を守り飾るもの

守り紐

「愛する夫のほかは決して人に見せてはいけないし、触れさせてもいけないよ」

アイヌの娘は嫁ぐ際に母親からこう言い聞かされ、守り紐を肌につけてもらう。

守り紐は下帯、小帯または貞操帯ともいわれ、アイヌ語ではラウンクツといい、火の神より授かるため汚すことを厳しく禁じられた。

娘に婚約者がきまると、母親は人に知られぬ間に作り置き、身につけてやるときに作り方、結び方、その慣わしや女の心得を語り添える。

ツルウメモドキ、ムカゴイラクサ、オヒョウの皮を雪に晒し、白くなったら細かな糸に裂いて二《ふた》ひろ半編む、というから、約一丈五尺の長い紐が出来上り、両方の編端《はし》に一寸角位の菱形の房がつく。

説明によれば、二つの房飾りは左腰に下がり、体に長い紐のつく手順をはぶけば、腰に六本から八

夫以外の人に見せてはいけないとされた
ラウンクツ（守り紐）

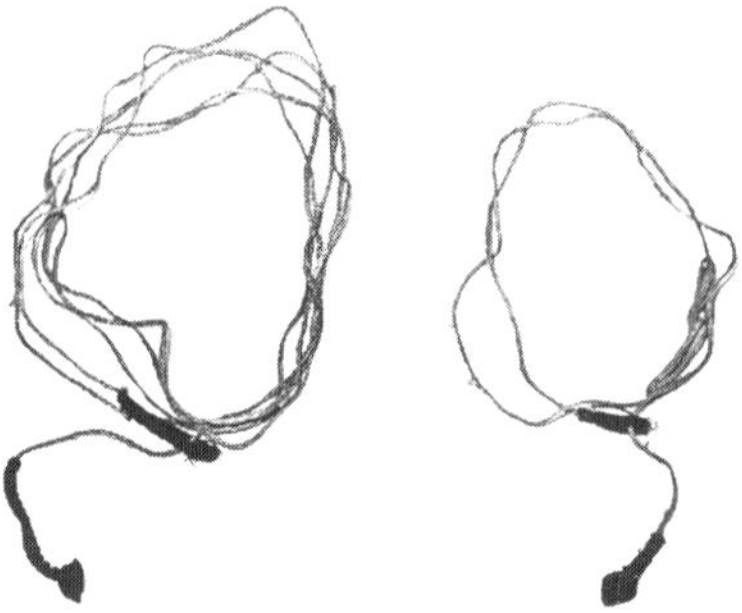

本、お腹《なか》あたりに、二本の紐がぐるりと巻かれているのである。紐数の六本、八本や編み方、房の形は家によって違うが、それぞれ母系を示し、色々なきまりごとが守られていた。

アイヌの始祖が魔神と戦い危くなったとき、姉の守り紐が難を救った。ある英雄が傷を負うと、その許嫁《いいなずけ》はわが守り紐を振って、ヨロイや刀を出して防いだ。荒熊に出逢い追われた時、振りかぶった守り紐を見て熊が逃げた。風の強い日に守り紐を振れば、風の神はその吹く方向を変える……

火の神が女神であるためか、守り紐にはこのような呪力が潜むと信じられてもいた。

夫に先立たれた場合には、その柩に入れたという守り紐は、本州で妻がしめた帯を柩に入れたという風習と重なる。

帯は明治時代でそのしきたりが消えたが、守り紐はいつまで続いたのであろう。

アイヌの女《ひと》が肌の奥に秘めたこの女の守り紐は、明治中期、道内に開設された病院で、年老いた女患者が肌につけていて存在が明らかになったという。

祖母から母、母から娘にと受け継がれた慣わしも、いまは必要としない時代となって忘れられてゆき、作る方法も語る人もなくなってゆくと思われる。

アイヌに限らず、現代の母親は嫁ぐ娘に、母系の伝えや祈りに願いをも込めた何を贈るのだろう。日本人となったアイヌの、昔の母と娘が通いあわせた心が、私はたまらなく羨ましい。

もう一つ私の心をゆさぶったものに、テクンタマというお守りがある。黒と白の糸を撚って手首や首にかけるだけの素朴なテクンタマは、長わずらいの病人や怪我人を力づけたり、紛失物の発見、魔除けなどあらゆる不幸を避けようと、女達が祈って作ったまじない札で、わが身だけでなく、女から女への見舞いの品であり、励ましの贈り物であった。

「哀しく辛いことがあっても、どうか女の命である清らかな糸で作ったお守りで心を静めて下さい」と、黒と白の糸をただ撚るだけで、この糸紐はエカエカという呪文の意味を持ち、真中にガラス玉や銅貨を通しても効力は変わらず、神の力を呼ぶことができる。

このような優しい贈り物を私も作りたい。

エカエカを知って、私は幼い頃、おまじないだと糸を指にひと巻き結んでもらったことを想い出した。

祖母は、「もう風邪は治るよ」「もう咳は止まるよ」「忘れ物はすぐ見つかるよ」、そう言いつつ糸切り鋏《ばさみ》をプツンと鳴らし、私はその糸に約束したことを大きくなるまで信じ、祖母が亡くなってからも、母にせがんだ覚えがある。

糸を女の命としたのは、時代も国も変わらないように思う。

帯

元文四年（一七三九）
冠もなく跣にて平生帯もせず……
女はアッシの上に帯をして襟に青玉を、数珠のごとくに連ねたるものをかけ……
天明五年（一七八五）
帯はひっこきにて前に結ぶなり。下品は藤縄等を用ゆ……
寛政三年（一七九一）
片帯、細帯、小細帯を織るを見ゆ
寛政四年（一七九二）
メノコ着するアッシは無地多し、縫模様あるも中には着たるもあり帯はしめず草履もはかず……

江戸時代、北海道を旅した人達の文献には、衣服に関わる項目はなく、風俗を記す文章の端々にその様子がうかがえるが、「帯をしめた」「しめていない」と内容が異なっている。

常着にはモウルという貫頭衣に袖がついたものや、半襦袢と腰巻をつないだものを着ていたアイヌの女子供達には、帯は必需品ではなかった。

盛装のアッシを着る場合には短い結び紐があり、衽《おくみ》がないため前裾が広がりやすいアッシは踊りの際などに着る時も都合がよかったのである。

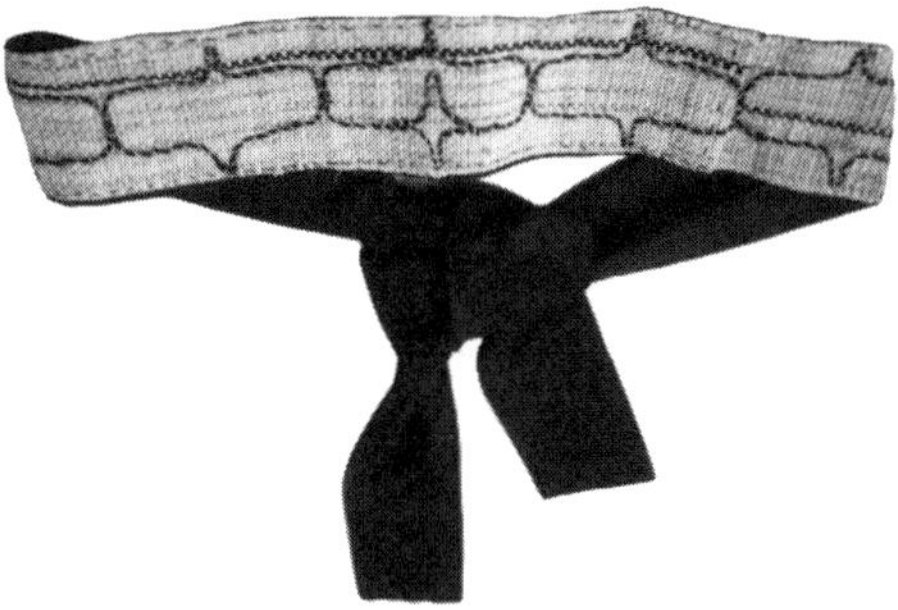

アイヌの衣服に，帯はあまり必要とされなかった

それでも和人の影響か、紐が二寸と広くなって帯に似てくると、一巻きして端飾りを垂らす、あるいは二巻きして脇で片わな結びという結び方をしたひっこき姿が多かったらしい。

しいて帯の効用を探せば、山刀をさす時に便利だった、ということぐらいであったようだが、帯よりも和人があてている前掛のほうが、アイヌには役立ったらしく、名もマンダリ、マイダリと響きが近い。

樹皮で前掛を作る場合、一尺足らずに布を織り、二布を使っている。手に入れた本綿地ではその布のまま用い、刺しゅうをほどこした。

帯が発達してゆく歴史はアイヌにはないと思っていたが、樺太に珍しい女帯があることを知った。

樺太アイヌの帯は幅二寸と細く、長さは一巻きで、刺しゅうだけのものと、金属飾りをびらびらつけ、真中に女用の刀が下げられるようにしたものとがあり、飾りと実用を兼ねていた。

その原型は奈良朝の正倉院御物に見られる石帯といわれる。それには刀さげの飾りはないが、同時代の朝鮮で発掘されたものに、玉、刀などの飾りがついた帯があったという。

それらの帯の形態がわが国にも伝わり、宗教界に入って樺太にも伝えられたと思われている。

上：額飾りにも刺しゅうが施されている
左：色石や金属を組み合わせた首飾り

極めねばならぬ意義もうすれ、地位ある女性の身を飾る帯となったのであろう。

額飾り・頸飾り

狩りや漁を男の仕事としたアイヌでは、髪の乱れを防ぐためマタンプシという、布に刺しゅうをした鉢巻きに似た額飾りをした。

人前で頭の上にものを置くのは礼を欠くとした女達は、髪の乱れを細い布で結ぶだけであったが、明治から大正にかけて、風呂敷ほど広くはないが、黒い布を二つ折にして頭を包むようになり、それをチエパヌプと呼んだ。男のマタンプシと同じ額飾りをやがて女もするようになったのは、地方によって違いもあるが、時代の流れかも知れない。

黒一色のチエパヌプが姿を消し、マタンプシは男女の区別なく美しい彩りで刺しゅうされた。女物は布も四寸、三寸五分と細くなり、現在は若者の好みで一寸幅のものもある。

ガマの葉で編まれた下げ袋

長さ四尺から五尺の黒いマタンプシは、当初、結び目を両横や後に垂らすことで祝儀、葬儀の用途を結びわけていたが、マタンプシが身の飾りとなるに従って、見かけなくなったという。

同じように黒い布を幅五分にして真中に四角く小さい前掛様の布を取り付けたものが頸飾りで、金属の飾りを四角い布につけている。おそらく交易などで手に入った宝物で、これも身を飾る物となったと思われる。

〝アイヌ〟とは〝人間〟という意味

釧路で霧の晴れるのを待つ間、地図を求めて立ち寄った店で、ふと天井からぶらさがっている草で編んだらしい袋が目に止まった。

店の開店以来つるされたままという袋は、博物館でもしばしば見かけた、ガマの葉で作られたもののように思われ、聞けば阿寒湖のコタンから、年老いたアイヌ女性が持って来た物とのこと。

草の袋が私を待っていてくれたのではと勝手に解釈して、とうとうゆずり受けたが、細かに、巧みに編まれた袋はとても尊い。

どれだけの日数を経た物かとなでさすっていると、アッシを織り、刺しゅうもしたであろう女《ひと》の心が伝わってくる。

それにしても蝦夷《えぞ》といった時代はいつだったのだろう。草袋は私を遠い時代へと誘う。

『日本書紀』第七巻によれば、景行天皇二十七年（九七）の春、

東《あずま》の夷《あな》の中に日高見国《ひだかみ》有り。其の国の人男女《おのこめのこ》並に、椎結《かみきわ》け身を交《もどろ》けて、為人《ひととなり》勇み悍《こわ》し、是を總て蝦夷《えみし》という。亦土地《とちこ》壊えて曠《ひろ》し、撃《う》ちて取るべし

とある。

東国《あずまのくに》より還った武内宿弥《たけのうちのすくね》の奏上により、太古に蝦夷と称された国は、越州《こしのしま》、越渡島《こしわたる》、渡島と呼ばれてもいたが、鎌倉時代になると蝦夷《えぞ》、蝦夷地、蝦夷ヶ島と名を変えた。

蝦夷と呼ばれるのを嫌った人々は自ら、アイヌと称するようになったというが、アイヌとは〝人間〟という意味である。

そのアイヌの先祖達は、いつ頃からこの国に定住していたのか、年代は確かでないが、島で生活していた人類の遺跡である、後志《しりべし》の樽岸で発掘された石器などの生活用具によって、昭和二十六年に五、六万年前と明らかにされた。

蝦夷は明治二年八月十五日に北海道と改められている。

アイヌの昔話

女神の羽衣

アイヌの国がまだ出来たばかりの遠い昔のことです。

着る物、食べる物に困って暮らすアイヌの人々の生活を天の神々が知り、助けてやろうと相談され、その役を美しく賢い女神が春楡《はるにれ》姫に命じました。

白い羽衣を身にまとった女神はアイヌの国のきれいな湖に降り、岸辺の松の木に羽衣を掛け、体を休めながらこれからのことを考えていました。

女神の舞い降りる姿を見ていた一人の若者は、珍しい羽衣にひかれしのび寄り、女神に見つかってしまったのです。

羽衣を欲しがる若者のコタンに生活の知恵を授けようと、女神は、「しばらく貴方のコタンで暮そう」と約束しました。

女神はまずニレの木をすり合わせ火を起こし、火種をコタンに与えました。いままでの生活が変わり、明るくうるおいのある暮らしが叶った人々は、尊い火を恵んでくれた女神を敬い、何事も女神を中心に暮らすようになりました。

秋がきたある日、アイヌの女達《ひと》が木の実採りの山中で、寒くなったので暖まろうと火を起したのですが、風が急に吹いて草むらに火種がこぼれ、やがて木立ちに燃え移り、山火事はコタンにせまってゆきました。

逃げまどうアイヌの人々を静めた女神は、袋からニレの木を取り出し火種を起こすと、その火を燃えさかる山の火にぶつけました。

火に火をかざす女神をいぶかしく眺めていた人々は、あっと驚きました。不思議にも女神の火が山の火を吸いこんで大きな火の玉となり、コタンの上をぐるぐると廻りながら遠ざかるように離れてゆきます。

火の玉の中に白い羽衣がひらひらなびくのに気づいた人々は、コタンを守り救った女神に、心から感謝の祈りをささげました。

女神が降りたった湖の岸辺には、春楡が大木となって茂り、羽衣も名残りを告げるように置いてありました。

アイヌの人々はその羽衣から、毛皮や鳥の羽で着る物を作ることを覚えたのでしょう。

コタンの老人達は、火の女神春楡姫を母なる神とたたえ、若者達に教えます。「何よりも尊べ」と……。

鮭の恩返し

昔、山奥から流れくる川の上と下にアイヌのコタンがありました。

川上に住むあるお爺さんは、

「天の神様こんな良い天気をありがとう。わたしはこれから山に冬の食物探しに出かけます。どうかお恵みを下さい」

そう言って美しく晴れた秋の青空を仰いで祈りました。

栗、ドングリと山の幸はいつの間にか背負袋に一杯となり、お爺さんは「神様ありがとう」と喜びつつ帰りかけましたが、道に迷ってしまいました。困っていると、近くで水の流れる音が聞えます。川がある。もう大丈夫。川沿いに下ればコタンに戻れると、お爺さんは元気になって、水音を頼って川のほとりに出ました。

澄みきった水は川底の石までのぞかせています。岸で水を飲もうとしたお爺さんは、パチャッ、パチャッという音に驚き、そっと周囲を眺めました。

すると岩と岩の間に体を傷だらけにした大きな鮭がもがいています。お爺さんはいそいで川の中に入り、「さあ、川上《かみ》にお行き。川下《しも》に行けば捕えられてしまうよ……」

こう言いつつ鮭を助け放してやりますと、優しいお爺さんの言葉が判ったように、鮭は川上にのぼってゆきました。

お爺さんも無事コタンのわが家に帰った夜、神様の出入口である神窓から、ドスン、ドスンと大きな音がして何かが投げ込まれました。

怖くなって寝床でふるえていたお爺さんは、明方まぶしい光で目がさめました。

家の中がとても明るいのです。目をこすってよく見ると、見事なアッシや黄金の太刀、食物など宝物が山のように部屋に積まれているのです。

昨日鮭を助けたから、魚を支配する神が貧しい年寄に宝を与えて下さったのだろうと、お爺さんは供え物をし、神々に感謝の祈りをささげました。

噂を聞いた川下のあるお婆さんはその方法をたずね、早速川を上り山奥の岩場の多い川岸へと走りました。

その日も大きな鮭が岩にはさまっているのを見て、「よし、よし」と言いながら助けるつもりであったお婆さんは、鮭があまりにも大きいので家に持って帰り食べてしまいました。

その夜、お婆さんの家の神窓に大きな音が響きました。朝までがまんしていたお婆さんが起きて見ると、宝物は何もなく、石や魚の骨が散らばっていました。腹を立てたお婆さんは重い病気になってしまいました。

それを知ったコタンの老人達は若者達にこういいましめました。

「悪いことも怠けることも決してしてはいけない。優しい思いやりも忘れてはいけない」と。

下着の川ながれ

川下の男が下着を川につけて二、三日たってから洗うつもりでいたら、流れてしまったのか見当りません。

大切な木綿の下着なので、川を下りつつ探していると大きな家がありました。もしやと思って入って行き、「わたしの下着を見なかったですか」と聞くと、刺しゅうをしていた美しいお姫様が、「あなたのですか。洗って干しておきましたから、それを着て浜にいってごらんなさい」

と答えました。きれいになっている下着を身につけ、浜にいってみると、大きな木が浜に打ち上げられています。木にまたがってよくよく見ると鯨《くじら》でした。

急いで妻を呼んで二人で鯨を切り刻み、家に運んで豊かに暮していると、川上の男が「同じように貧しかったのに、どうしたのだ」と聞く。

わけを知って腹を立てた川上の男は自分も川に汚れた下着を流したが、なかなか流れない。棒で突つつきながら川を下り、話通りの家をみつけて同じように声をかけた。

「下着を見かけませんでしたか」と。「あなたのならそこにあるから、それを着て浜へ」と、お姫様の答えも一緒でしたが、下着は泥にまみれてきれいではない。少し違うと思いつつ浜に出ると、それでも大木がありました。

「大きい方がいいや」と川上の男は草むらのなかにあるほうにまたがったが、それは、大木でも鯨でもなく大蛇でした。川上の者は食われて、白い骨となってしまいました。

そうとは知らぬ川上の男の妻は、暫くして大きな袋を背負って迎えに行ったのですが、様子を知って泣き出してしまいました。

コタンの老人はこういましめます。「若者達よ、決して人真似をするんじゃないよ」と。

桑園碑

札幌の町なかにある知事公館は高い塀と樹木に囲まれていた。

門を一歩入っただけで、行き交う車のざわめきが急に遠のくたたずまいのなかをそのまま進もうとして、受付と記された木札に気が付き足を戻したが、小さな建物はずっと無人のようであった。かつては訪れる人に「何の御用？」と問いかけた所と思うが、いまはそのような肩張ることは省略されたのかも知れない。

声かける人影がないため、私はやむなく、公園のように広い庭の木立ちをすかしみた。砂利を敷きつめた道は右にゆるやかに曲がってのび、邸はその奥にある。目を左庭に移すと、築山めいた樹木の茂みの傍らに、石碑が一つ建っている。

あれに違いないと見当をつけ、かけ寄ろうとしてふと思いとどまった。無断で入っていいのだろうか、苔むす庭を下駄で踏んではならぬと、足袋はだしになって、また考える。

これではまるで庭荒しのようではないか。迷いぬいたあげく下駄をはき、爪先きをしのばせることにきめて、「ごめん下さい」「ちょっとあの石碑を拝見させてもらいます」

相対する人に向わぬ私の挨拶は森閑とした静まりに吸われ、返ってくる声があろうはずはない。「はい、どうぞ」。「それでは失礼します」。勝手に許しを戴いて、私は水枯れの池を越え、樹木をくぐって碑に近づいた。

高さ二メートル、幅一メートルほどの碑は、仙台石に〝桑園碑〟と刻まれている。

力強い刻字を指でなぞりながら、この石碑にいつの日か出合えると決めた、過ぎた日と場所を私は思い出していた。

山形の酒田旧藩士の功績をたたえて建てられた“桑園碑”

酒田旧藩士達の努力

以前、山形の旅で松ヶ岡開墾場をたずねた折、庄内の酒田藩士達が、禄を離れてから養蚕事業に心血を注ぎ、大きな成果を得たいきさつを知り、涙したことがあった（本書第Ⅱ巻「山形篇」参照）。

当時の政府高官にその働きを認められた酒田旧藩士達は、明治政府が始めた北海道での開拓事業に、請われて力を貸すことになったのであり、その功績をたたえたのがこの碑なのである。

松ヶ岡の春まだ解けぬ根雪を踏んだとき、私は旧藩士達の誇りの声に囁かれ、この石碑のもとに立つ定めが課せられたのかも知れない。

「我々の足跡は、遥かな地の北海道にもかくあり」と。

私は彼等の魂に誘《いざな》われたのであろうか……。

地ヲ拓キ農ヲ勧ムルハ産業ノ本源ニシテ　一国富強ノ要救実ニ此
ニ存ス　大政維新ノモト北海道ニ開拓使ヲ置カルルヤ　長官黒田
清隆君諸僚ニ謀り　大ニ力ヲ地益ノ開発ニツクス　明治八年旧鶴
岡藩士百五十六人ヲ徴募シ　札幌ニ移シテ荒蕪ノ原野ヲ開墾セシ
ム　諸士奮励勉メ経書ヲ懐ニシ　帯刀ヲ樹枝ニ懸ケ　鍬　鋤ヲ握

リ六月四日ヨリ九月十五日ニ致ルマデノ間　札幌本庁以西ノ地二十一万坪余ヲ開キ　桑苗四万株ヲ植エ是レ即チ桑園ナリ　官其功ヲ偉ナリトシ　宴ヲ設ケテ諸士ノ労ヲ慰ラフ　蓋シ兵農相依テ辺疆を護ルノ実ヲ　能ク顕彰セルモノナリ……

石碑の裏に何とか判読できるほどの碑文がまだ続く。

明治八年（一八七五）六月一日政府さし廻しの船で、小樽に着いた一行二百三十人は、札幌と亀田地区の二手に別れて開墾をすることとなり、札幌では四日から鍬入れが始まった。

一人の藩士がつけていた渡道日誌が最近出版されていたが、時間をかけなければ読みきることが出来ないほど、天候、風俗、労働状態、心情などがこと細かに記されている。

札幌の原野には「徴募酒田士族開墾の地、従是官用桑園」の墨黒々とした杭が打ちこまれ、四隊編成の旧藩士達は、五千坪ずつ区切って一斉に土地をならし、十日には初仕事をおえていた。

着々と土地を拓いてゆく彼等を招いたのは、鶴岡出身の松本十郎であった。彼は明治維新の動乱期に、庄内藩周旋方として外交的な活躍をし、それを北海道開拓長官黒田清隆に見込まれ、札幌本府大判官の役についていたのである。

松本十郎は幕府が安政五年（一八五八）道内の亀田で養蚕飼育を産業化しようとしていたことや、山野に茂る自生桑で、農業のかたわら蚕飼《こがい》する人達がありながら、個人の力不足で中止してしまったことも知りつくしていたのであろう。

政府の援助をもってすれば、禄を離れた士族達の救済事業となり、新しい土地で試みられている産

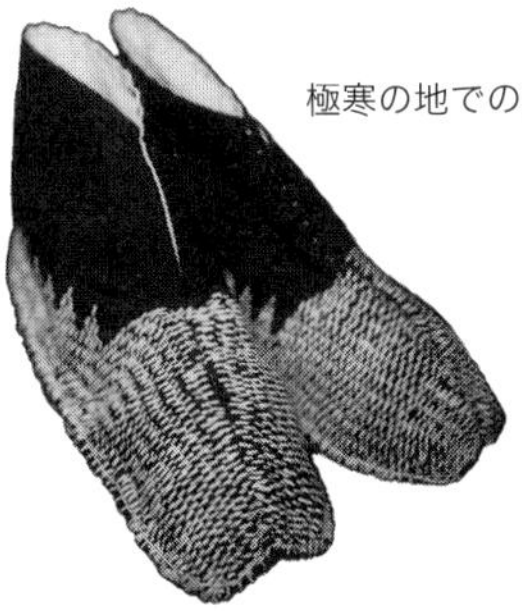
極寒の地での衣服の尊さを物語る，糸で補強された足袋

業の一つに加えるのも可能と黒田長官に進言し、その期待に応じられる人選を、わがふるさとで養蚕に成功した、酒田旧士族にあてたのである。

外国に目を向けた 黒田政策

十一ヶ国八十六郡で北海道は誕生したが、新政府は道内全部を管轄する財政がなく、二十郡余りを政府役人の開拓使に任せ、その他の地方は有力な諸藩や、東京府、寺院などに分領させた。

道内が統一されるのは廃藩置県の発令された明治四年（一八七一）で、それを強く望んだ黒田清隆が、明治七年（一八七四）開拓長官に就任、明治十四年（一八八一）に終了する開拓使十年計画は、視野を外国に向けた新政策で、黒田王国とまでいわれた。

最初、東京府から五百人の移民が渡道したが、浮浪者の集まりで役にたたず、ほとんどが送り返され、政府は新たに農業移民を募集したが数は少なかった。

北海道の開拓は、朝敵として降った大名やその家族、家臣達が、減封や平民籍におとされるよりは、と新天地移住を願った士族移民の力が基になったといえよう。

彼等は渡道資金を土地屋敷から家宝を手離してまで工面し、帰る郷里を失っていたのである。

それだからこそ想像に絶する辛苦にも耐え、開墾に励んだのであろうが、厳しい寒さの中で過ごす衣服に困りはて、紋付や陣羽織までを常着とした。

着つぶす寸前の衣服は、民俗館や資料館にもないが、足袋の指先に刺された糸が、衣服の尊さを物語ってくれる。

黒田清隆の新政策は、士族達を保護し、産業を支えることから、アメリカ合衆国の農務局総裁を顧問として迎え、留学生をアメリカへ送りもした。

彼は養蚕製糸はもとより、農産物やそれらの副産物であるビール、ブドウ酒に至るまで、製品は外国へ輸出する考えを持ち、中等、下等品は国内用にするという方針までとっている。

明治五年（一八七二）四月には、それまで余り生産力のなかった、座繰りの絹糸が横浜に出荷もされた。

東京で糸繰り工女を募集し、群馬の高岡製糸場や東京で製糸を学んだ工女達が派遣され、明治八年（一八七五）には製糸場が作られた。またその年には機織指導の工女も招かれている。

その渦中に松本十郎の進言は、黒田長官をさぞかし喜ばせたことと思われる。

黒田長官の赤ゲット

札幌、苫小牧間を白馬に乗って駆け、常にアイヌのアツシを愛用していた黒田清隆は、厚司長官とも呼ばれた豪快な人であった。

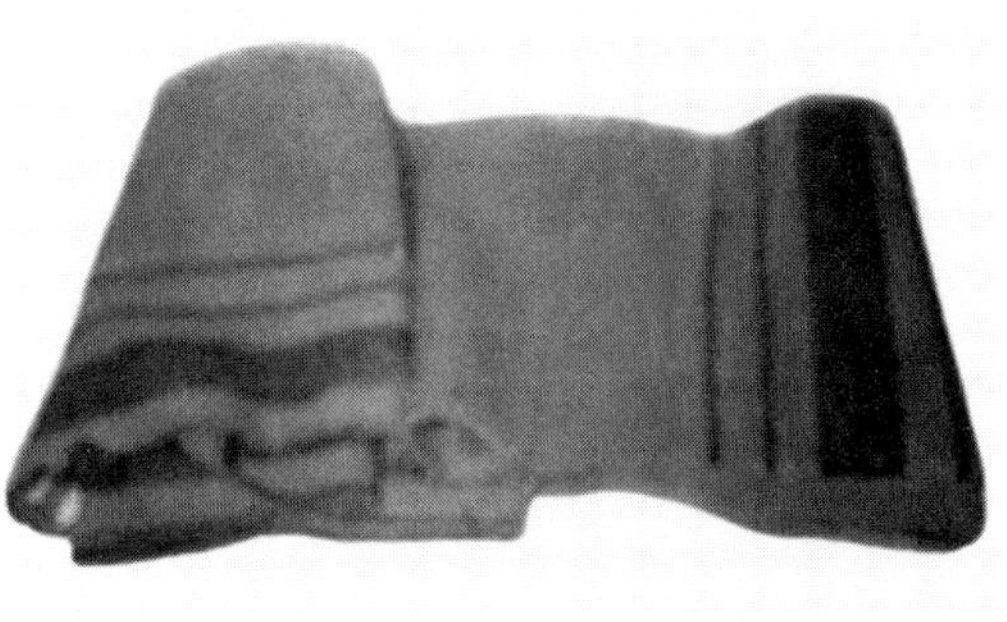

なぜか黒田長官と赤ゲットが結びつく

東京出張所の暮しが主であったが酒田旧藩士達の出迎えには自らおもむいて激励し、宿舎に酒肴をとどける温情に、酒田の旧藩士達は期待の深さを知り、開墾事業に懸命になったとうなずける。

私が黒田長官を想うとき、なぜか資料館の赤ゲットが結びつく。

明治の初め輸入された赤い毛布を〝赤ゲット〟と呼んだが、毛織物を知らなかったわが国では、文明開化の象徴として流行し、もてはやされた。

寒い北海道では特に必要であったからかもしれないが、当時はイギリス、ドイツから輸入されている。

上流階級しか手に入れられなかった赤ゲットは、やがて日本の織物界を刺激して、わが国でも毛織物が生産されるようになっていった。

陳列ケースには黒田長官の所持品とはなっていないのに、私は彼の物に思えてならない。

どうして赤ゲットのことに話がそれてしまったのだろう。考えてみれば、当時の人達がきっと憧れたのではないかという気がしたからである。

〝桑園碑〟の復元

話を戻そう。

酒田旧藩士達の桑園は、二人の政府高官の願い通り、六月から九月中旬という短期間に、二十一万坪の広大な土地が耕され、桑苗四万株が植え揃ったのである。

政府依頼の酒田旧藩士達の待遇が自費移民より良いのは当然で、生活態度も模範的であったらしいが、仕事に対する姿勢は、他の移民団に良い影響を与えたと思われる。

そのときの開拓由来を記した碑はとうに朽ち果て、明治四十五年(一九一二)それを憂いた人々によって碑文は刻み直されたが、歳月を経るうちに「国富存農」と刻字が変わってしまった。一大事業をなし遂げた人達を偲ぶため、昭和四十三年、西門にあった石碑を東門に移して復元された。刻字も〝桑園碑〟として。

酒田桑園と称された畠で育った、四万本の桑の木から収穫された葉は北海道での養蚕業を見事に発展させた。

その実証は明治十一年(一八七八)のフランス万国博覧会に、大幅海気《かいき》、琥珀《こはく》織、博多織女袴地(スカート地)、博多織西洋腰帯(サッシュ)、本邦女帯地、白縮緬ハンカチ地等が出品されたことからもうかがえる。

面目躍如の黒田長官と、従う松本十郎の嬉しそうな面影が浮かぶ。

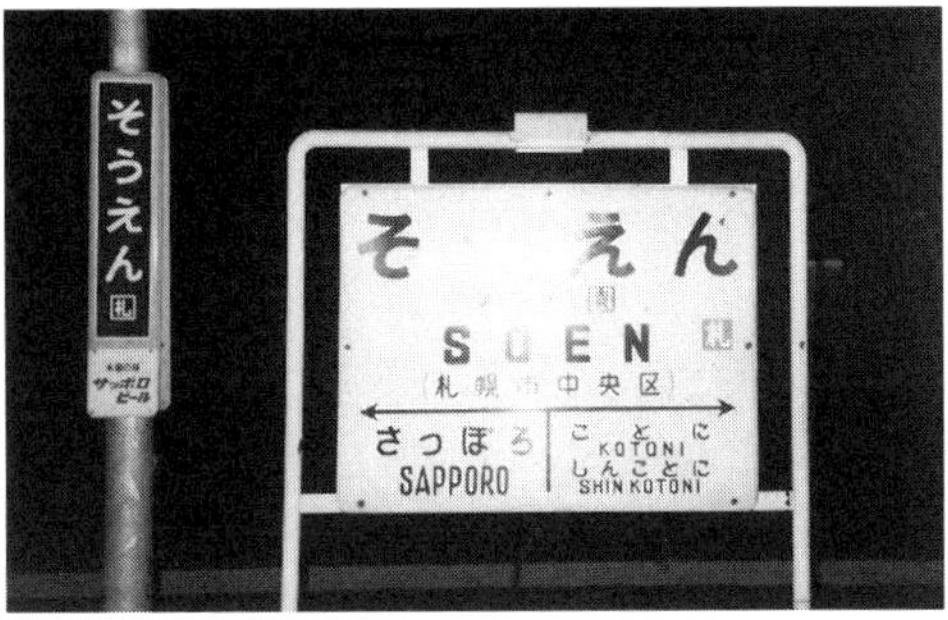

地名や駅名に“桑園”の名は残っているが……

桑の木が一本もない

現在の札幌市中央区南一条から、北方、西方一帯に広がっていた桑園地区は、大正時代まで、この土地に移り住む人々にはいかなる職業であれ蚕を飼う条件を課し、必ず守られたという。

見渡すかぎり桑茂った地も、昭和二年（一九二七）電車の開通に伴う、路線や道路の拡張、住宅の増加でやむなく桑の木を倒し、桑園は徐々にせばめられていった。

電車は廃止となったが、次々と押し寄せる新しい時代の風は、この地に競馬場を作り、かつて桑園に集まった人波の姿を変えた。

国鉄（現ＪＲ）の駅やバス停にも〝桑園〟の名は確かに残ってはいるが、その由来を知る人も、知ろうとする人もおそらくないであろうし、ましてこの庭に地名を秘めた石碑が建っていることに意義を感じる人もなかろう。

碑文に胸あつくして前にたたずみ、先人の苦労を偲び、お陰様でこの町が栄えたと儀礼をささげる人も現れまい。

しかし〝衣〟に関わる者であれば、日本の絹が世界に認められるようになった陰に、禄を失った武士達が、新しい生活のためとはいえ、真剣に取り組んだ事実を忘れてはならないと思う。これは全国的なことでもある。天照大神や呉織《くれはとり》、綾織《あやはとり》の歴史もない北海道だからこそ、近世になっての養蚕業が、より身近に思われるのかも知れない。

道南を中心に十勝地方まで普及した北海道の養蚕は、明治四十四年（一九一一）の蚕飼戸数を七千六百八十七戸と記録しているが、昭和三十四年（一九五九）には全くといっていいほど蚕を飼う家はなくなってしまった。

桑の木はどこに行ってしまったのか。「少しは残っているはず」と教えて下さる人もあったが、跡形もなく消えてしまっている。

桑の木を見つけることができなかったためか、目につく緑葉がどれもこれも桑に見えてしまう私は、一人苦笑いしつつ、手探りながら桑園を歩き続けた。

八王子千人同心

甲州武田家の滅亡後、その家臣達は徳川家に仕え、甲州街道口の守備と日光、江戸の火の番を務めていた。

八王子近郊に住んでいたため〝八王子千人同心〟と呼ばれ、半士半農の暮らしを送っていたが、生活は苦しかった。

ことに次男、三男は職がなく厄介者扱いされたのは、ほとんどの武士階級に見られたことで、悩みは深かったのである。

八王子千人同心頭《がしら》原半左ヱ門は、弟新助と計り、〝厄介者〟達の生活維持を蝦夷地移住でと考え、定職を持たぬ百人を選び幕府に願い出た。

それは東蝦夷松前藩から取上げた幕府が、直轄地にすると告げた寛政十一年（一七九九）であった。南部、津軽の両藩に警備を命じていた暮府は、農耕も兼ねた屯田《とんでん》策を考慮していた矢先で、団体移住者の最初となる八王子千人同心の願いはすぐ許可がおり、彼等は翌十二年（一八〇〇）三月下旬、国もとを出発している。

一人あて支渡金一両二分に旅費、三人扶持と、一ヶ月二分が支給され、一行は経験を新天地で生かそうと夢をふくらませていた（江戸時代の一人扶持は一日玄米五合が基準であった）。

八王子千人同心の挫折

同行者を五十人ずつ連れて半左ヱ門は白糠《しらぬか》、新助は勇払《ゆうふつ》に入ったが、両所とも農耕に適さず、一年もたたぬうちに病死者、帰郷者が続出し、第二陣で移住した三十人余りを加えても、三年後の享和三年（一八〇三）には八十五名となってしまった。

厳しい寒さと冷えこむ風土による病には勝てず、夢を消さねばならなかった彼等の胸中は、どう察して表現すればよいのだろう。思うだけでも暗くて重い。

桑園事業で成功した酒田旧藩士達とは年代も違うが、八王子千人同心のなかで、機織りを教えていた人達があったとの言い伝えが私の心をとらえてしまった。

郷里でも下級武士達は機織りを内職として励んだと思うが、材料には恵まれていたはずである。開拓地で乏しい糸から何を織ったのだろう。雪に埋もれた小屋に響く機音は、故郷への恋しさをつのらせていたのではないか。

夜泣き梅女の伝説

同志の一人、河西裕助の妻、梅女は幼子二人を残して病死し、彼は墓碑に妻への惜別を刻んでいるが、その一節に「万里の辺に遊びて功いまだ成らず」と慟哭している。

その後、夜ふけた開拓者の家々の戸をたたき、「この子にお乳をやって下さい」と女の泣き声がするので戸を開けると姿がない、との話が伝わるようになった。

人々は哀しい梅女の心を想い、夜泣き梅女の伝説としている。

日高本線勇払駅近い日本ヒューム管工場の敷地内に、病死した八王子千人同心の墓碑と梅女の詩碑が、蝦夷地開拓移住隊士の墓として、史跡文化財に指定され残っているという。

文化元年（一八〇四）は多くの犠牲者を出した翌年であるが、函館奉行所の支配調役に任命された原半左ヱ門に従って、同心達も奉行所に採用され、各所に勤めるようになった。

失敗に終ったとはいえ、農作物も実り、蚕も飼った苦労のなかで築いた開墾地は、それ以来、元の原野に戻ったのである。

勇払川に消えた機音

勇払平野を南に流れる勇払川に、哀しい機音や人々の想いを浮かべ、見入っていた私は勇払駅を通り過ぎてしまった。

降りる機会を逸してしまったため、せめてヒューム管工場だけでも眺めたいと窓にへばりついた。日高の山登り帰りという隣座席の人も、一緒に飛び去ってゆく景色に目をこらして下さる。その人が「あれだ」と叫び、前の席からも「こっちにも工場が」と私を呼ぶ。

線路をはさんだ両方の工場を見ようと、私は二つの窓を交互にかけ巡り、見えぬことは承知しつつ史跡のある場所を求めた。出合いは叶わずとも、心を通わせた想いは、夕陽映える勇払川の美しさと共に忘れられない。再び機音が聞こえるようで耳を澄ます川は、安平川と合流して太平洋に注ぐ。

隣りあわせた人は、貴女の目に夕陽が落ちていたと、手を振って苫小牧で下車された。私は涙で目を染めていたのだろうか……。

北海道藍に夢をたくした人

余市郡仁木町は北海道きってのくだものの里といわれている。

六月中旬からイチゴ、サクランボ、七月中旬にはプラム、八月下旬のブドウ、九月上旬からはリンゴが香り実る町は、整然と区画された道に沿って、果樹園が果てしなく広がっていた。

仁木町遠望。手前の林の下を余市川が流れている

ここを開拓したのは、九割までが阿波国《あわのくに》、阿波、美馬、板野、名西、名東郡出身の人達という。

中心となって移住者を募ったのは士族麻植郡児島村の仁木竹吉で、明治十二年（一八七九）、彼は百十七戸三百六十八人と共にこの地に入った。

旧藩主蜂須賀茂詔の紹介状を持って、開拓長官黒田清隆に会った仁木竹吉は、「北海道こそこれから開けゆく新天地で、土地を拓き産物を得ることは、禄を離れ困窮する同郷の人々の為であり、ひいてはこれまでの国への報恩」と所信を述べた。

明治八年（一八七五）、開拓長官は彼を北海道へ随行し適当な土地を探す便宜を与えてもいる。

天保五年（一八三四）生まれの彼が四十一歳のときであった。

故郷の産物である藍、煙草を主として生産しようと試みた仁木竹吉は、明治九年（一八七六）藍種を阿波から取り寄せ、翌十年日高の静内に蒔いている。

「北海道藍煙菽麦《あいえんしゅくばく》拡張論」をこれに先だって陳情したが、開拓使庁では寒国だから不可能と難色を示し、仁木竹吉は机上の空論と反発するなどのこともあったが、結果は藍に限っていえば、一反歩の収穫が

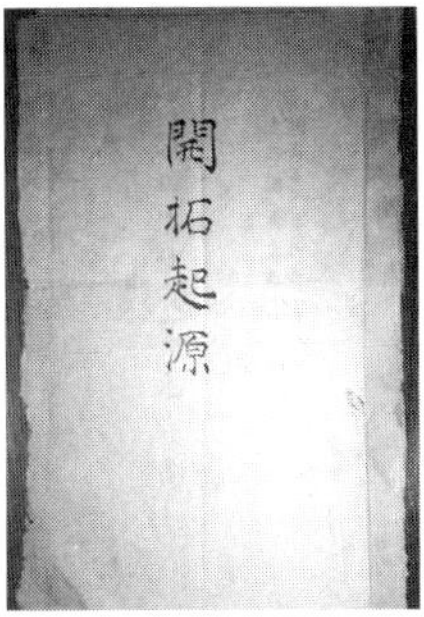

右：仁木村開拓の祖，仁木竹吉翁
左：仁木村の歴史を記した『開拓起源』

五十七貫四百匁で適地適作と認められた。

より良き土地と同郷の人を迎えるため、仁木竹吉は各地を転々とし、渡道して四年目に、現在の仁木村を候補地としたようである。

教育委員会で、私は彼が明治四十四年四月、過ごしきた半生を書き綴った回想記を拝借することが出来た。

仁木村に入っただけで感心した道路と田畑、果樹園の整然さは、驚くことに仁木竹吉の施工で、『開拓起源』の文書、図面に至っては現在でもこれ以上のことは出来ないだろう。

卓抜した知識を彼はどこで学んだのか……。「この道も、ここもです」と私は隅から隅まで農道を案内され、町が全望出来る丘にまで登った。

余市川が静かに町を包んで流れている。この川のたたずまいや水質が故郷の吉野川に似ていたのではないか。冬が長いといっても、雪のない季節の未開の原野は、藍、煙草、豆類作りに適していると、彼もこの丘で判断したのだろうか。

ここと決めてからの仁木竹吉の活躍は、まことにもって彼らしい。開拓大書記官殿に宛てた「植民の儀に付願《つきねがい》」には、一戸当り一万坪の土地を希《のぞ》み、貧しいから十八ヶ月間、米、金の援助、さらに路銀をと陳情しているのである。

仁木竹吉を信頼した人々は、厖大な原野の開墾をなし遂げ、功をたたえた開拓長官は、明治十三年指導者の姓をとって、仁木村と命名した。

時々巡視に廻る長官に彼の報告は熱がこもり、北海道で作る藍は故郷の阿波藍より色が良いから、北海道第一の物産ともなる見込みというのだから、力の入れようが察せられる。

北海道での藍試作の成功は阿波国《あわのくに》の人々の心をさわがせ、渡道者は年と共に多くなっていったが、哀しい詰もあった。

明治十九年二百五十二名の人が北海道へと船出したが、寄港した神戸で流行していた伝染病により出港を停止されてしまった。宿泊費で予算が乏しくなるのに耐えきれず、密かに帆船を手に入れ出港したが、瀬戸内海を出ぬうちに罹病者が続出し始めた。

沿岸で死者を葬いつつ日本海に進んだが、コレラ船がきたと海辺の住人達は竹槍をかまえて船を寄せつけず、遺体はやむなく北海道での藍作りにと積んだ藍ガメに納め、船室に置いたというが、生きている者と伝染病で亡くなった者との長旅は、想像するだけで暗く哀しい。

途中で船が転覆すればと祈ったという記録に至っては、息を呑むのみである。

三十五名の犠牲者にとどまっても一行は旅費を使い果たし、小樽で着のみ着のままの無惨な姿は人々の涙を誘ったという。瀬棚に向かう目的も果たせず、同郷の人々が住む仁木村で親切に介抱された一行はここに定着したという。

仁木竹吉の遺稿ともいうべき回想記には、そのことは記されていない。

彼は当時開拓事業のおくれを再建するため、三井物産に十年間の援助を願う交渉で多忙だったとみえる。

明治二十一年に契約は成立し、仁木村は百万坪という開墾にまで着手していくのであった。広大な土地の確保が見通せた頃、皮肉にも仁木村一の産物となりかけ、十一万五千貫余り生産した藍も、出荷がとまりかけてゆくのである。

明治初年六千六百七十斤輸入されたインド藍は、明治十一年三万二千四百斤と需要がのび、明治三十一年には百八十万六千斤まで輸入量が増加した。

この数字は、藍が全国に普及したからと思われるが、仁木の北海道藍は色が良く染まりが早いとしても、対抗の方法がなかったに違いない。

「実ニ遺憾ノ次第ナリ」

わずか一行記された回想は、仁木竹吉の胸中を察してせつない。

以来、藍についての記事も藍の字すらも遺稿にはなく、「本村繭ノ如キハ貯蔵方法其ノ当ヲ得ザルヲ以テ、品質ヲ害スル物多ク蚕種ハ良品ト認ムベキモノ有トイエドモ、共品質僅カナリ、本村ノ如キハ蚕ノ業界最モ恐ルル蛆《うじ》害ナキ天然ノ保護地ニ有テハ、将来全国ノ蚕種供給地トシテ有望ナルモノ宜シク斯業ノ発達ヲ期スベキモノナリ」と想いを新しい世界に移している。

踏まれてもより強く芽生えんとする雑草の強さと、時代の流れを見据える彼の目は鋭い。

とにかく開墾し続けた村にリンゴが実り豆が実る。彼はその二つを仁木ならではの特産とたたえ喜んだ。

定白山を背に，一本の老松とともに残る仁木竹吉の家

同郷の人々と共に在って共に栄え行くのが仁木竹吉の生甲斐であったのだろう。

国道沿いに大正四年仁木の土となった彼の家が残っている。ここで天下を論じ、仁木村の行末を思い、人々の相談相手にもなった仁木竹吉の姿が浮かぶ。

憂きことに久しく耐える人あらば
ともに眺めん仁木村の月

この歌もこの家で詠まれたに違いない。定白山を背に一本の老松が彼に託されたように、町となった仁木を見守っている。

大正六年仁木竹吉と共に村を開拓した百十六戸の人々を、仁木村開祖として、仁木神社境内に碑が建った。

草かきわけたどり着いた立派な碑の前に、誰が供えたのか花と菓子がある。ここからも町がよく見えた。

「雪はどのくらい降りますか……」。私は見渡す限り藍畑だった時代を懐かしんだ仁木竹吉が、氏神である仁木神社にきて思い出していたのではないかと胸がつまり、それをまぎらわす問いであったが、果樹

仁木神社境内に建つ，仁木村開祖の碑

園の高さまでと言われて絶句した。
仁木はいま人の背を越す雪が降り積もっているのだろうか。藍に関わる糸も布端もないという町に、僅かでも資料を送りとどけよう。

明治七年掲げられた屋号

商売は人生の持久戦である、商ひは即ちあきないで、毎日飽きずに商ひを続けるの謂である。

小間物商から呉服店、そして百貨店経営者となった今井藤七の訓話の一つであるが、彼の成功は明治初期の激動する北海道において、時代を先取りする目があっただけではないように思う。

晩年の彼を写真で見ると、気骨を示す風貌のなかに、穏やかな人柄もうかがわれる。

札幌昔話の聞き取りによれば、「今日まで札幌で他人に悪く言われないで、大身代になったのはあの人ばかり」とは、たぐいまれな商人根性に併せ持つ人徳があったのであろう。

明治四年（一八七一）、越後より函館に渡った折、下船のときに払う料金が一分二朱不足して、同乗者に借りたと伝わる。

新潟から函館までは二両二分の船賃で、乗船するとき半額払い、着いてから残りを払えばよかったため、取りあえず乗ってしまえということも出来たのであろう。

函館に一年いて、彼は札幌を商いの場にと考えたが、資金もなく、同郷の人を金主として共同で小間物を仕入れ、馬に積んで札幌へ商売に出かけたのが二十三歳であった。

店を構えたといっても小屋同然であったが、店頭には商品を並べねばならない。仕入れは函館まで出かけ、行商もしなければならない。

藤七は小間物から太物、呉服と手を広げ、明治七年に㊋の屋号を掲げ今井呉服店として独立した。

その年は開拓使の援助で、衣類など生活必需品を扱う御用達三店がずさんな経営のため、明治五年（一八七二）に開いた店を閉じている。

開拓使は明治四年、東京から大量に古い衣類を仕入れ、井筒屋に商わせたが、必要にせまられ三人の用達商に共同経営させたのであったが、失敗に終ったのである。

明治初期には今井呉服店だけでなく、木綿荒物業奥泉清吉、太物渡世疋田耕助、渡辺金兵衛、関駒吉、新田貞治、北村伴次郎と札幌で呉服業を営んだ人は多い。

そのなかには窮乏生活をする移住者達が求めやすい、古手衣類を供給した古着商も入っている。

しかし財も持たず、それこそ裸一貫から小間物、呉服、百貨店にまで商いの道を全うした今井藤七は、まれな人といえそうである。

明治十二年一月二十日、彼は正札販売を実施、人々を驚かせた。当時北海道では売り手が強気で、こぼれ話によれば、手拭を買いにきた客に「何色？」と聞く店員は寝そべったままで、「白地」と客が言えば、「そこに積んであるのを取りねえ」と言う。

客は好む手拭を選び、「一円で釣を」と言うと、「釣はないからこの脚絆はちょうど恰好もいいし、ついでに買いたまえ」などと、釣銭がわりに品物を渡したという。

信じられないようなことがまかり通っていた明治の初めの北海道では買い手が小さくなっていたのは事実であったらしい。

そのような状況のとき、正札通りの商法は画期的であったと思う。小さな品物にも正札がついていれば、買い手も安心し売りやすくもなる。

今井藤七はお客様あっての商売と店員達にも厳しかったようであるが、その為に店の評判はよく、(井)呉服店の賑わいを『札幌繁昌記』はこう記す。

　店前《さき》に華客《とくい》の出入絶間なく、仰入《いらっ》しゃいお帰りと、送迎《おくりむかえ》の声景気を添《そ》えて賑《にぎ》わし、金襴緞子《どんす》や絹布木綿で、山を築く呉服商《あきな》ひ(井)今井は、日々三、四百円の売揚あり。

彼は結婚がおそかった。自立するメドを三十歳としていたからであったが、店員にもある程度の階級になれば結婚を許可し、世帯金、住宅料を与えた。

とにかく手堅かったのであろう。その商法で順調に店が経営され、郷里から弟二人を呼び寄せた彼

道内百貨店のトップを占める丸井今井デパート

は、小樽、函館、旭川、室蘭に支店を置いた。それも明治年代の間にである。

個人商店が大正五年には三階建て石造のデパートメントストアとなり、大正八年㊋の屋号をそのままに、株式会社へと飛躍してゆく。

その後火災に遭い、大正十五年に鉄筋建築として再建された店が現在の本店である。

その前年に七十五歳で亡くなった今井藤七は、一生を厳しくつつましく生き、大実業家となってもその姿勢はくずさなかったという。

制服を納入する鉄道を利用しても三等車以外は決して乗らなかったとも伝わっている。

北海道デパート業界で常にトップの座を占め続ける㊋のビルは、車の行き交う札幌の中心街にそびえていた。

無一文で函館に着いた今井藤七が最初に触れた商売の主人は、武士あがりの頑《かたく》なさと、冷たい仕打ちで人に接していたらしく、それに反発しての彼の商法が築かれていったのであろうか。

人の運命の不思議さをしみじみと思う。最初に温情ある人に出会っていたら、小間物屋も呉服店も、この㊋の今日もなかったのであろうから。

北海道の代表的な馬そり

㊐の屋号を眺めながら、私はなぜか馬そりに荷をつけ、雪道を進む彼の姿が浮かんできた。

馬そりは最初、ロシアの職人を招いて開拓使工業局で作られたのが明治十一年からで、限られた人達が使用したが、民間製作が許された明治二十年には、より改良されて明治三十年まで活躍している。

それまで唯一の運輸は馬の背で、雪が降れば運搬はかなわなかった。それに扱う荷の量もはるかに違う。

道内各地で見かけた馬そりは、庭の置物となっていた。

私は長い間忘れていたが、雪国の馬そりについていた鈴を持っている。黒くすすけたその鈴は、一つだからであろうか鈍い音色を聞かせ、贈ってくれた人も、どこの国で使っていたか知らぬということであった。

とうに木の色あせた馬そりが鈴を想い出させ、数を連ねた鈴の音が、白銀の中を心を寄せあって駆ける馬と人を励まし続けて旅をする。

荷台に積める反物や古着の量はどのくらいだろう。賑わう札幌の町が私のなかですーっと消えてゆき、途方もない思いつきは、とうとう今井藤七を馬そりに乗せてしまった。

私は、馬そりの鈴とだけ判っていた鈴が、北海道のものと確かめら

国の史跡重要文化財として
残る松前藩の運上家

れて浮き立っていた。

運上家

二十二間（約四〇メートル）の正面に奥行き八・五間（約一六メートル）、建坪約百六十坪余り。屋根を押さえる石は二千個。身分によって出入りが決められている玄関が二つ。

この大きな建物は余市町入舟のモイレ海岸に、文化年間（一八〇四―）近江の商人が建てた家で、上《かみ》と下《しも》と二軒あったという。

松前藩は、定めた場所で家臣達がアイヌと交易することを許し、その収入を禄に当てる制度をとっていたが、実際の交易は権利を代行する商人達で、二八《にはち》制で利益が分配された。二割が藩への運上金である。

商人達は取引きの場所に家を建て支配人を置いた。その建物を運上家と呼んだ。

道内沿岸にはこういう運上家が八十五軒あったそうだが、写真の運上家以外は現存せず、ここが国の史跡重要文化財に指定されている。

嘉永六年（一八五三）秋田の商人がこの運上家を引継ぎ、改築した折の図面によって昭和五十一年から解体修理され、復元が完成したのはまだ最近で、一般公開も始まったばかりであった。

重い板戸をくぐると土間、炉をきった板間。そして奥の畳敷の部屋は中廊下に仕切られて続く。とにかく広い。板間にはもう一つ炉があり、台所と勝手も上《かみ》と下《しも》と二ヶ所で、酒を収蔵する部屋が特別にある。雪国での酒の効能が、交易に際しても貴重なものであったことが思い知らされる。

帳場の奥に隠し部屋が作られ、土間をはさんで船主や船子達の部屋があった。

四つの畳部屋の奥は、弁財船が運んできた貴重な交易品を保管したというが、数多い品々のなかでも特に煙草、刃物、針、木綿の糸、布は大切に扱われたらしい。

土間に戻り、あがりかまちで私は膝だちをして家のなかを眺めてみた。まず目に入るのは二間もある神棚で、海を守護する神々、商いの神、旅を守る神々がずらりと並んでいる。

炉のもとにあぐらをかく人形が、「何持ってきたんじゃい」と声を発しそうで、私はこの炉に近づきたかったであろうアイヌをふと思った。

和人に従い仕えれば板間に上れたのではないか……多くのアイヌは、今こうして私が土間にいるように、うずくまって交易を待ったのではないだろうか。

母や妻や娘が願う針も木綿も古着も欲しいが、それは女にとっての宝物。男にとって望む物もある。どれだけの品々をアイヌは積みあげ、何を得たのだろう。妥当な取引きであったならよいが、満足せずとも振舞酒に、怒りも哀しみも遠くに押しやってしまったのではないか。

仰ぎ見れば土間の上に使用人や旅人の寝部屋があり、中央が吹抜けとなっている。

一尺角の通し柱が屋根を支え、六間通しの梁《はり》がめぐらされている。この建物を外や内に入って眺めまわして土間から仰げば、アイヌでなくとも権力に加わる技術力に驚嘆するだろう。

入口から浜の先に船着場の跡が見える。白帆をあげた入船出船のざわめきを沈めた港は、いま国定公園に定められている。

空と海が一つになった遠いかなたは、暫く眺めていても線の乱れはない。ぽつんと豆粒のような点が現われたら、昔はどんな騒ぎになったのであろう。多くの人々が船の形を見定めるまで、立ちつくして待ったことと思われる。

余市の町を抜けた海岸沿いの景色は美しく、静かな港跡にまだ人の訪れは少ない。運上家は人の出入りの激しかった昔を取り戻せるだろうか。

■ 青森篇

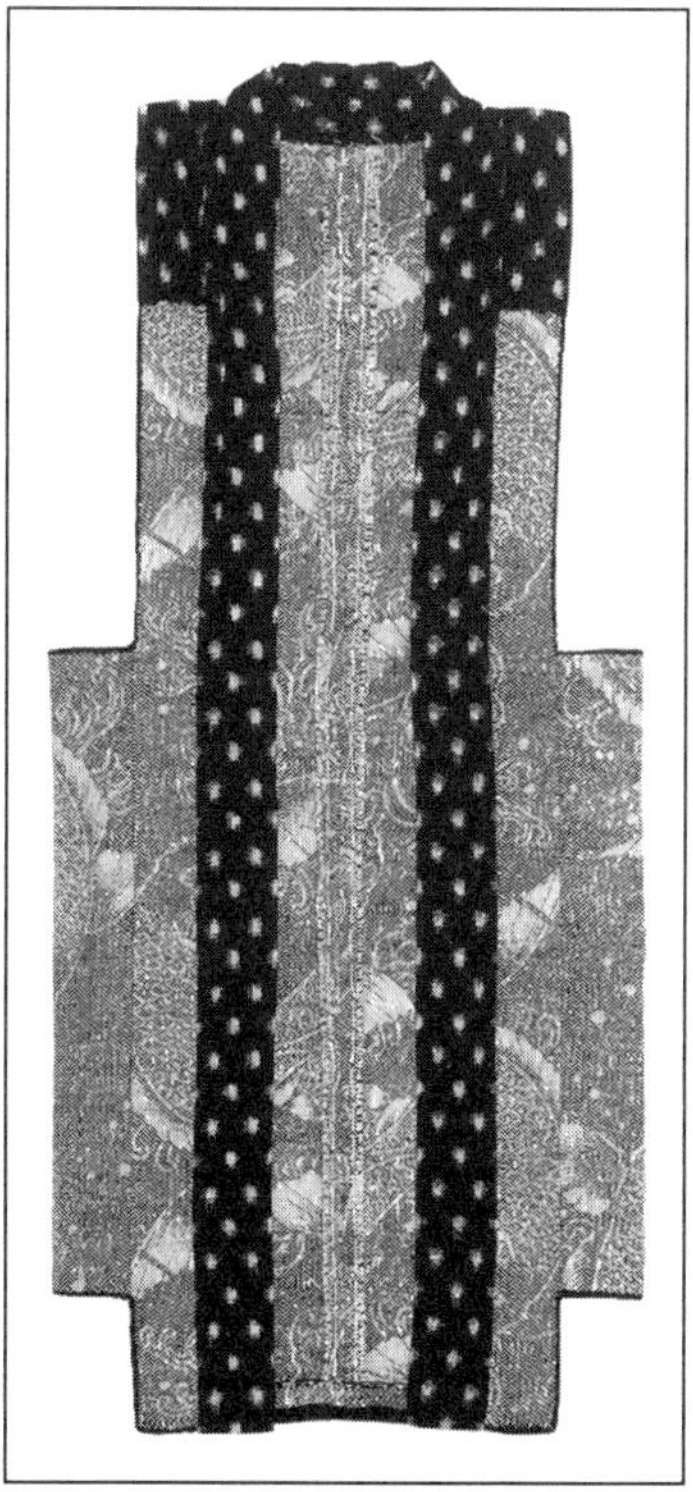

鯉文様地衿絣の刺子胴着

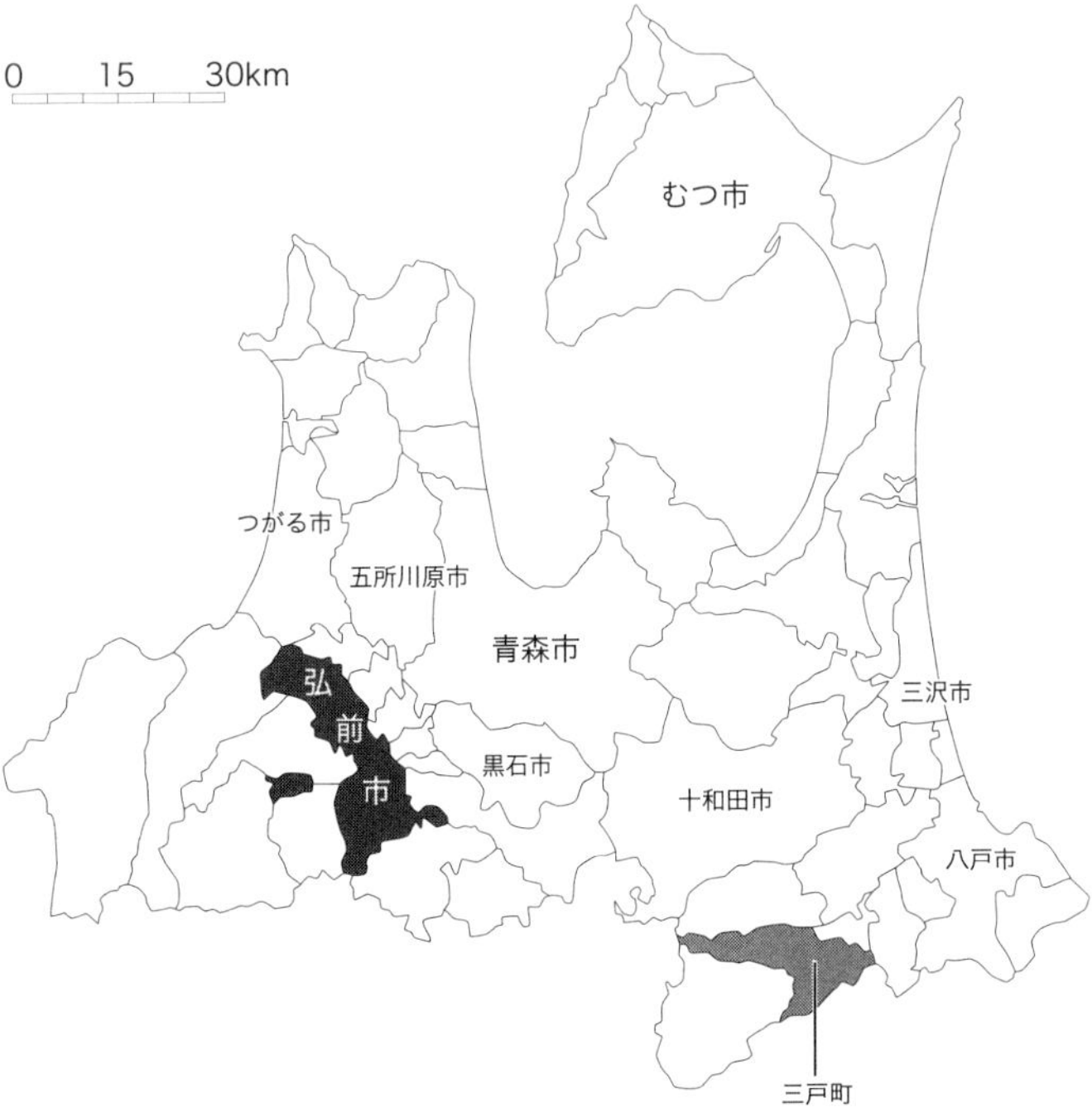
0 15 30km
むつ市
つがる市
五所川原市
青森市
弘前市
三沢市
黒石市
十和田市
八戸市
三戸町

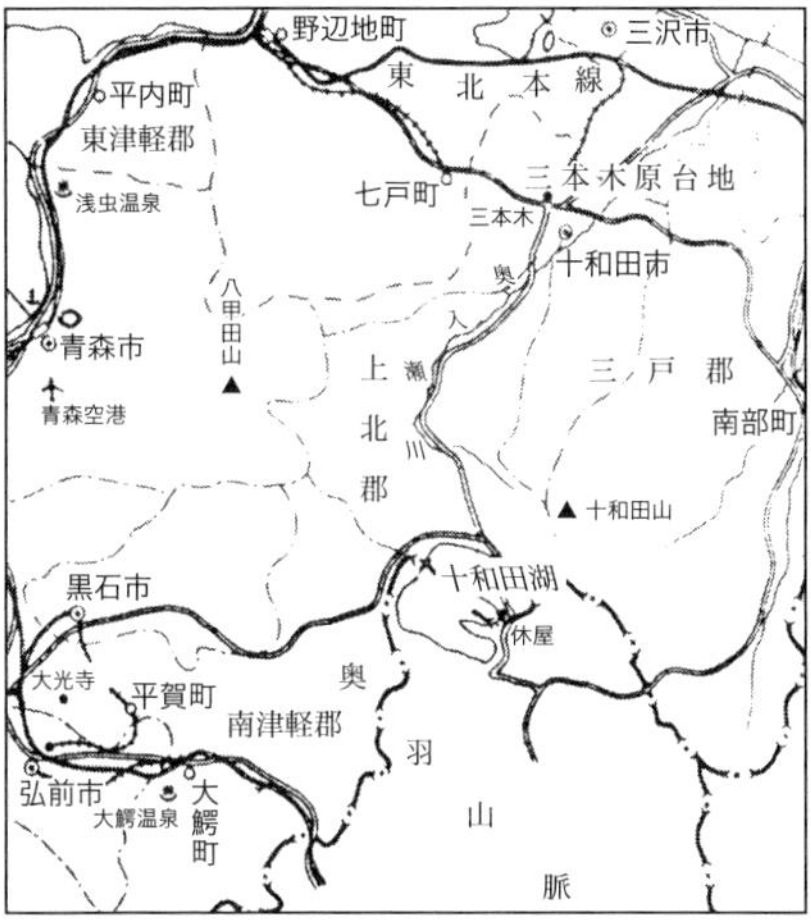

津軽周辺図

津軽こぎん

四月に梅がほころび、五月近くになって桜が開く。津軽の春は何とおそいことだろう。そして十月の末にはもう冬籠りの支度を始めねばならない。

長い津軽の冬は、その土地ならではの着る物を生みだした時代があった。しかし、発祥の年月はいつ、誰が技を伝えたのか、どの里で始められたのかなど何もわからない。

藍で染めた紺の麻布に白糸が、模様となって刺してある仕事着がそれで、名を〝津軽こぎん〟という。

〝こぎん〟とは糸で刺す〝さしこ〟の衣服とこの地方ではいわれるが、正しくは〝刺しこぎん〟であって、〝こぎん〟は小衣《こきぬ》を語源としていると考えられる。また、短い衣の意味が転じたともいわれている。

麻布の仕事着を〝こぎん〟〝こぎぬ〟〝こぎの〟〝こいの〟と呼ぶ地方も多い。

カラムシの糸

農民が咲かせた衣の花

江戸時代の徳川幕府の政策は農民に厳しく、各藩もそれにならい、津軽でも厳しい衣服倹約令を発している。

寛永六年（一六二九）を初めとして、万延元年（一八六〇）までの長きにわたった取り締まりの項目は、書き記せぬほど細かな点にまで及んでいて驚く。

農家の女達は自家栽培の麻やカラムシを糸とし布を織った。藩ではそれを地布と称し、木綿が移入される時代になっても、「百姓は地布を着よ」と命じた。

補強と保温のための生活の知恵は、刺しこを刺しこぎんにまで発展させた。紫、紅色を禁じられても、人々は紺と白の世界に美を求め、工夫され抜いた模様はあでやかではないが控え目に華やぐ。

三十種以上の図柄は江戸時代に芽ぶいたのであろうか。すると〝津軽こぎん〟は江戸時代の農民が咲かせた、衣の花であり衣の文化である。

江戸以前からあったものかどうか皆目判らないが、こぎんを説明した文献の中に、こぎん刺しの老女が、「この世の始まりからあったべ

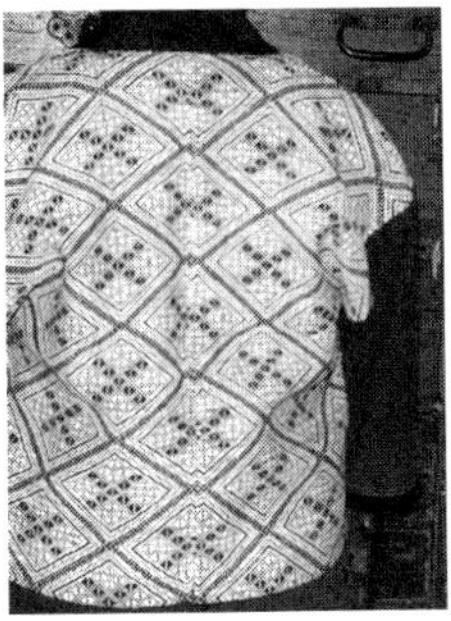

カラムシのこぎん絆天

なぁ」と答えた話が、印象に残っている。

元禄十六年（一七〇三）になっても倹約令は働き着に木綿を許していない。同じ年代に津軽藩主は自ら養蚕に力を入れ、京都より指導者を招いて染、織も盛んであった。

津軽の川水は布晒しに適していたらしく、城下の職人町には百軒を超す紺屋が店を構えていたという。

〝こぎん〟の袢天

文化とほど遠いさいはての地であった津軽も、現在はすっかり都会の風が吹き、昔の面影はうすれようとしている。町でふと知り合った女性に、地布にカラムシ糸でソロバン刺しをした〝こぎん〟の絆天を、手にとって見せてもらう事が出来た。

これが刺しなのか、光にすかしても織ったように針目が揃っている。「木綿糸を使うのは明治からですか」と聞けば、「いやそれ以前でしょう」とのこと。後日の調べでは、天保年間（一八三〇―四三）からであった。

その女性から弘前についこの間まで、大きな古着屋があった事も教えられた。三軒あった店のうち、一軒だけ江戸の名残りを留めていた

木綿の振袖が倹約令の厳しさを物語る

そうだが、縁がなかった。そういえば古着や古綿、端切れの木綿地は貴重で、扱う店も多かったのだろう。

麻を着て木綿は着るな

寛永年間（一六二四―）の初めには、木綿売買うんぬんの条令もあり、草綿や木綿が、他国より移入されていたのは確かであるが、庶民、ことに農民社会にまでは届かなかったのであろう。

安永二年（一七七三）になると、殖産事業の養蚕から織業までが促進され、「絹織するものは絹布をまとってもよい」と、倹約令はゆるんでいった。

マユや絹織を運ぶ船便の利用は、やがて篠綿を取り寄せるようになって士族達の内職に木綿が加わり、それらはいつしか商品となっていった。

「麻を着て木綿は着るな」「木綿を着て絹を着るな」。厳しい発令は勝手な規約で、都合によってゆるんだり、引き締められたりする。

いつも割の悪い目に遭う農民達は辛い生活を強いられたが、その陰で〝こぎん〟という衣は、静かに価値を高めていったようである。

やがて仕事着が祭りきものとなり晴着となった。倹約令をくぐり抜

菱形模様が美しい“南部菱刺し”

けて培われた美しさは、今も鮮やかに糸道に残る。

〝こぎん〟は四、五歳から手ほどきされ、十歳頃にはひと通りの目がひろえるそうだ。年頃になった娘達は嫁入りの荷に五枚、六枚と必ず持っていったという。

以前より刺しこ展やこぎん展の案内がきても、真新しい布にほどこされたものに本来の意義があるのかと疑い、あの風土に生きた女達の手になるもの以外は目にしたくなかった。

津軽で本物のこぎんに触れて以来その想いはますます強い。人が心と体を使って生みだすものに、表面だけの美やおごりがあっては、求めた人に美しく寄り添うことは出来ないだろう。

南部の〝菱刺し〟

同じ幾何模様を糸で刺したものを、南部では〝菱刺し〟と表現し、赤、緑の色糸が混じる美しい前垂れが残っている。

津軽が終始紺と白の対比をくずさず守ったのになぜと思うが、色どりが自由になるのは明治になってからで、藩政時代の南部は津軽より生活状態が厳しく、仕事着をせめて飾るゆとりすらなかったであろう。

津軽こぎんや南部菱刺しは、文明開化の明治時代が落ち着くと姿を

日本一の大桑の木は県の天然記念物

消し始め、ことにこぎんは明治二十七年（一八九四）弘前に鉄道が開通して綿織物が溢れるようになると手間のかかる刺しをする女達《ひと》も少なくなっていった。
手のぬくもりを消したくないと思う人達によって、今は工芸としてよみがえってはいるが、必需品のなかで育まれた美は、その用途を再びどこに向けたらよいのだろう。
目をつむれば薄暗い灯りのもとで母と娘が野良仕事に疲れた体を休める間も惜しみ、眠る時間をさいて針動かす姿が浮かぶ。

日本一の桑の木

栽植の記録明らかにして明治七年福島県にて、仕立てたる苗木を翌八年三戸町役場にて移入し、翌九年似島新六氏宅地に、植付けたる一本は現在の大桑で、品種は山中新助である。桑の木は三、四十年にして虫害のため、枯死するものなるも、この大桑の樹齢正しく百年を経過するもなほ、旺盛の発育を示し、日本一の巨桑を誇り得べく大切に保存する必要あり。

この三戸の町で巨桑の存在を知る人は何人いるのだろうか

この沿革は昭和三十一年三戸町にあった桑の巨木を、青森県天然記念物に指定した折のものである。

桑の木をたずねたいという客は初めてなのか、三戸タクシーの運転手さんは「桑の木ですね」と二度も確かめて私を乗せる。

細い小路をくねり民家が建ち並ぶ一画の空地に、思わず見上げる桑の木がすっくと立っていた。

一〇メートル近い高さに幹囲りは二・七メートル。周りをかげらせている枝葉は、東西一六、七メートルにのび広がっている。

日本一と称する桑の巨木は各地にあるが、山桑を頼りにしていた東北地方、ことに南部で桑苗を遠方から買い求める企画は、この三戸が養蚕を殖産事業としたかったためではなかろうか。

この巨桑が明治の初め三戸の人々に、どれほど大きな期待を持って迎えられ、貢献したかを記すものは全くない。藩政時代から三戸でも蚕は飼われ、ここかしこに桑園はあったはずであるのに……。

日本一の桑の木がその歴史を無言で示していても、知ろうとする人はほとんどない今日《こんにち》と思うが、根元には小さな祠が安置されている。

巨桑が果たした功績に対する慰撫か、樹霊を讃える証かも知れぬが、何人の人がこの祠に手を合わせたであろう。

た。

「あなたはここ三戸の里でずいぶん人様のために役立たれたのですね」。私は巨桑を仰いで語りかけた。

葉がそよぎ、緑の風が木洩れ陽と共に舞い降りてきた。私は桑の精に出会ったように思われてならない。

津軽の機織り三話

機音絶えて久しい津軽で、私は機織りに関わる三つの昔話に出合った。

文字を必要としなかった時代から口伝えで残された話は、〝衣〟に限って全国的に少なく、昔話、民話、伝説の区別なく、機織る技を伝えた人々の語り草として追い求めたい私はまだ消えずに残る〝衣〟の話に出合うと感動してしまう。

昔、人は布を織り衣を製作する際には、時を計らず時を惜しまなかった。その技は生活の一部だったからである。

暮しの必需品というだけではなく、女達は糸を採り、ひたすら杼《ひ》を動かし、織り上がりを待って着る人達との間に通いあった無意識の愛情が、悲喜こもごもの話の中に漂っている。

天、地、自然を尊び身の周りの諸々に注ぐ愛を、昔人は生みだす布にまで織りこみ、それらをたとえた話も時代の流れで形を変えてはいるが現代の人々が見失い忘れかけている心のゆとりや優しさと共に、万物すべてに感謝して生きる姿勢があるように思われてならない。

津軽では糸から布になる不思議さと有難さを一匹の蜘蛛《くも》や小さな蛤《はまぐり》や雀達に託している。この世に生命を与えられたもの達が助けあって生きる発想は、微笑ましいというより羨ましくもある。

「明治のものです」と見せられた津軽の麻布は、機地根にワラシベが二、三本通っていた。胸詰まる想いを私はぐっと呑みこんだ。

本州のさいはての地は恵まれぬ風土のはず。そこに息づいた津軽の女達《ひと》は、乏しい衣の原料に不平不満も持たず機を織り続けたのである。

甘い感傷など寄せるべきではない。三つの昔話は、逞しく生きた津軽の女達《ひと》の世界に、明るく、優しい機音をかなでつつ私を誘いこんでゆく。

蜘蛛《くも》の恩返し

昔、津軽のある村に一人暮しの若者がいました。夜ふけて仕事から家に帰ると、部屋に銀色の糸をきらめかせた一匹の蜘蛛が降りてくる。

縁起が悪いと嫌われる夜の蜘蛛を見て厭な気がした若者は、

「蜘蛛よ、夜ふけになぜ降りてくる」

思わずそう言って捕えると火の中へ投げ入れようとしました。すると「助けてー」と小さな声が聞こえたようで、可哀相になった若者が蜘蛛を放すと、その姿は柱を伝って見えなくなりました。

そして何日も過ぎたある晩、若者の家を一人の娘がたずね、一夜の宿を願う。貧乏で食べ物もないと若者が断っても、娘は是非と言って次の日から泊り続け、とうとう嫁様になってしまいました。

やがて機織りを始めた娘の織る布は、村中の誰もが見たことのない素晴らしいもので、噂を耳にした殿様は若者に、「千反の布を城に納めよ」と命じたのです。

「嬶《かか》よ、どうしよう」

若者の困る顔をみて嫁は「千反織ってみましょう」と言い、「布が出来るまで機小屋に籠りますが、決して機場を見ないでほしいし、食事も戸口に置いてください」と言う。

何日も機場を出ない嫁が恋しくなった若者は、ある日御飯を入れたおはちを持っていったついでに、そっと中をのぞいてみましたが、嫁の姿は見当たりません。

よく見ると嫁の代わりに大きな蜘蛛が、おはちに頭を突っこみ御飯を食べながら、機に向かって糸を吐き出し布を織っています。

「あっ」

若者の声に振り返った蜘蛛はさっと嫁の姿に戻りましたが、

「あれほど頼んだのに、とうとうわたしの姿を見てしまったのね。もうお前様とは暮らせない」

と哀しげにつぶやき、スーッと吐いた糸を伝って姿を隠し、小屋には千反の布だけが残りました。

「嬶よう、嬶よう」

嫁を呼びつつ若者は、嫁がいつか助けた蜘蛛だったと気がつきました。

糸三把、機三反、粟三升
昔、これも津軽のある村にあったことです。父《おと》様と母《おが》様と娘《あねこ》の三人が楽しく暮らしていました。

ある年母様がふとした病で亡くなったため、その家にまま母様が来て妹娘《うばこ》を産みました。

何年かが過ぎ父様が留守の日、まま母様は妹娘と村祭りに出かけ、姉娘にはこんないいつけをしたのです。

「今日のうちに糸三把、機三反、粟三升搗いておけ」

姉娘が三つの仕事をどうやって一日でやろうかと思案にくれて泣いていますと、どこからか一羽の鳩が飛んできて、ポキッポキッと音をたてて粟を搗き始め
「姉さ、心配するな」

と言い、地面をはっていた蜘蛛も
「姉さ、手伝ってくれる」

そういう間にするすると細い糸を三把積んでくれました。

「わたし達も手伝ってくれる」

次は雀達が何羽も機にとまり、トンカラリ、トンカラリと杼を動かし、みるみるうちに三反の布を織り上げてしまいました。

まま母様と妹娘が夕方帰ると、仕事が全部すんでいるのでびっくりし腹が立ってなりません。働き者で心優しい姉娘を嫁にと希《のぞ》む人が多く、それを憎んだまま母様は村中にこうふれ歩きました。

「姉こは馬鹿で何も出来ねぇが、妹娘は何でも出来て器量がえぇ」

しかし村の庄屋様は姉娘を嫁に選びました。髪結さんに美しく化粧され振袖姿で駕籠に乗って姉娘が嫁入る日、妹娘は「わしも嫁こに行きたい」と泣きわめき、怒ったまま母様は、

「それほど行きてえか」

と、側にあった鰯籠に妹娘を入れ田んぼのくろを引きずり歩くうち、二人はどぶんと泥田に転がりこみ、まま母様は田貝《たがい》に、妹娘は田つぼになってしまったそうです。

蛤《はまぐり》姫

昔、津軽の海に近いある村に、年老いた母親を大切にする親孝行な若者が居りました。

毎日海で魚を釣って生計《くらし》をたてている若者ですが、ある日魚が一匹も釣れませんでした。小さな貝が二度も三度もかかるだけなのです。

小さな貝は何度海に投げ返してもまたかかってくるので、不思議に思った若者が舟に取り入れますと、貝はどんどん大きくなってまぶしく光り出し、ぱっと割れると、中に輝くように美しいお姫様が坐っていました。

行く所がないというお姫様が、若者の家で母親と一緒に暮すようになると、天女がいる家の噂がたち、大勢の人が供物を持って見物にくるので、若者の家は次第に豊かになってゆきました。

ある日お姫様は「麻糸を集め機小屋を建てて」と言い、小屋に入ると機織りを始めました。母親と若者に中をのぞいてはいけないと誓わせ、トントンカラ、トントンの機音は二十八日間響き、美しい布が織り上がりました。お姫様は「これを都で売ってきて下さい」と若者に言いました。

しかし、布は都でも買手がみつからず、若者が諦めて帰る途中、立派な老人が、「是非その布が欲しい。代金は必ず家に届けよう」と言うので、若者は布を渡し家に帰りますと、小さかった家が御殿になっています。

召使いが迎えにきて、「布の代金がもう届いている」と告げ、わけのわからぬ若者が部屋に入ると、お姫様は「あの布が売れたからお別れです」と言い出しました。驚いて理由を聞けば、「わたしは親孝行な貴方を幸せにするため、観音様から申しつかった者です」と言う。

「役目がすみ帰りますが、これからも親孝行して下さい」と言い終ると、空から白い雲が降りてきて、母親と若者が引きとめようとするお姫様を乗せ、天に昇っていきました。

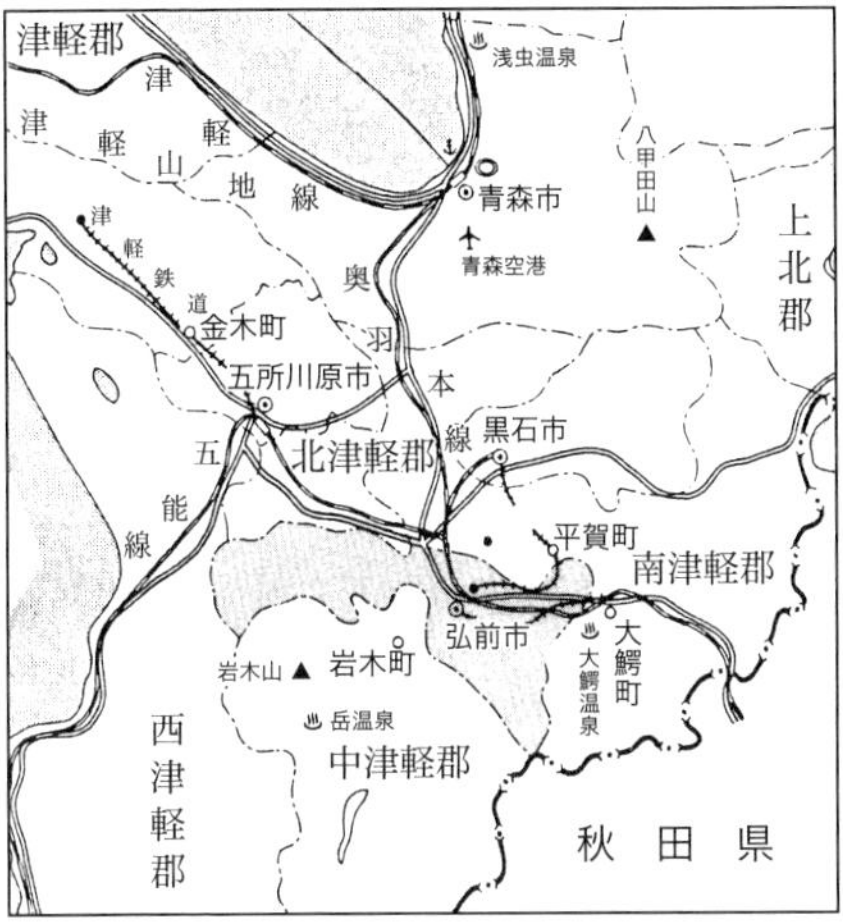

北津軽周辺図

オシラサマ

みちのくの広大な地域の中で生まれ、育《はぐく》まれていたオシラサマ信仰は、江戸時代の紀行家、菅江真澄に注目された後、明治二十八年、ある学者によって中央の学界に紹介された。

オシラサマは蚕の神であるといわれているが、目の神、子供の神、女の病をいやす神としても崇拝されていたため、蚕飼《こがい》を行わなくなった地方では、蚕神であったことも忘れ去られてしまっており、〝オシラ遊ばせ〟という祭りのときに語り唱えるオシラ祭文に、その名残りがとどめられている。

〝オシラ〟というのはそもそも蚕のことをいい、オシラ祭文は即ち蚕祭文で、蚕をたたえ豊穣を祈り、併せて供養の意味も持つのであろう。

祭文の内容は「せんだん栗毛物語」「きまん長者物語」「しまん長者物語」「満能長者物語」「シラオの本地」と種類が多いが、ほとんどの内容は観音様に子供を授けてくれと願う長者の話から始まっている。

授かった娘が美しく成人すると、飼馬が娘に想いをかけ、長者は馬を殺し皮をはぐ。馬が死んで嘆く娘はその皮に包まれて天に昇ってゆき、馬と娘はそれぞれの魂の虫を親もとにとどける。それが蚕で、長者夫婦は一生懸命育てて糸をとり、目出たく良い布を織り上げる。

あまりにも簡単にまとめてしまったが、本当は長い祭文であり、専門の巫女達は口伝えでこれを語り継いできたという。

オシラサマは男神、女神を一対とし、御神体は桑の木で作られる。男神の頭部に馬頭を刻むものは古く、普通は烏帽子《えぼし》と丸頭を対にしたものが多いが、二体とも丸頭のものもある。

一尺から一尺二、三寸の長さの像は、首から下が棒状であるため、和紙を巻いてから布を着せる。これはオセンダクと称せられ、年に一度、または願い事の折などに上に重ね着させてゆく。

十枚から十二枚のオセンダクを着たオシラサマから、最高は六十枚というものもあったそうだ。

オシラサマの総本山となっている久渡寺

顔を見せる姿のオシラサマは、少々重ねても丸まった感じがするくらいに思われるが、頭からすっぽり布を被せる包頭形のオシラサマは、おそらく頭と体の区別がつかぬほど、オセンダクに埋まってしまうと思う。

オシラサマの総本山

青森県弘前市の護国山観音院の久渡寺は、真言宗で聖観音を本尊としているが、明治三十五年以来オシラサマの総本山となり、毎年五月十五、十六日の大祭には、近郊から何千という信者が集まる。

オシラサマを祀る家は本家筋とか旧家に限られ、その家では主婦が祭りの当日は祭主となるため、久渡寺にはオシラ神を背負って出かけることになる。

拝んだり遊ばせたりもしなければならないオシラサマは、気性も荒く、難しいきまりも数多いので、巫女にゆだねたり、寺に納める家もあり、久渡寺にも三千体近いオシラサマが祀られている。

久渡寺におけるオシラ講では、特に蚕に関わる祭文はなく、数十人の巫女や、信者のお母《が》様達がこぞって「大志羅利益讃」を読みあげると聞く。

男神，女神が一対となり，オセンダクを着たオシラサマ

青森のオシラサマは蚕を守るだけでなく、人間のあらゆる事柄に対応する大慈大悲の神となっている。

夕方近く久渡寺に着いた私は、乗ってきたバスで折り返し帰らなければ、もう乗物の便がない事を知り、鳥居から木立ちの奥をすかし、上り下りの時間を計ってみた。

薄暗い石段は高そうで諦めようとする私に、運転手さんは、「少しなら待っててあげるから、いってきな」とうながす。

気がせくまま百を数え越しても石段の半分にも達しておらず、嘆息ついて戻りかけると、石段を見上げていた運転手さんが、「駄目」というように両手を押し出して振る。

戻りも出来ず私は脱いだ下駄をハンカチでしばり、また石段をのぼったが、もう数える元気はなく、一段ごとに手をつく有様であった。

流れる汗にかすむ境内は静まり返り、霊場のたたずまいを思わせる。さらに奥の院に行ってみたかったが、時間も許されず足も動かないため、そこで引き返すことにした。

泥まみれになった足袋をぬいでもまだ石段の冷たさは感じなかったが、下る途中で運転手さんの顔がのぞき、Vサインの指が見えたとき、急に足が冷たくなった。時計とにらめっこしていて下さったかも知れ

ぬ運転手さんには、思わぬ世話をかけてしまったようである。

バスは座席に転がりこんだ私をのせて発車した。目を閉じたままの私は、疲れ果てた浅い眠りのなかで、不思議な想いに捕われていた。

あの石段で戻ろうとしてまたのぼりつめたことも、重いあえぎが妙であった。私は目に見えぬオシラサマを背負っていたのかも知れない。久渡寺には途方もないことを思いつかせる雰囲気がある。

ようやく元気を取り戻した私に、先客の方が話しかけてこられた、

「あのお寺には円山応挙の幽霊の絵がありますよ、拝見なさった？」

「なぜ見なかった」と言われても、私はオシラサマが三千体、五千体と一同に会する時を想うほうがよい。

それでも久渡寺で私は津軽のお母様《が》達の、息つめて石段のぼる姿に近づけたし、女だから信仰にすがる心にも触れられたように思う。

お母様《が》達の背に負われるオシラ神は、蚕神であった時代の歴史も秘めている。叶うことなら一年に一度のオセンダクに華やぐ姿が見られる日に出向きたかったものである。


遠野のオシラサマ伝説（遠野は岩手県であるが、前項との関連からここに収録した）

津軽や南部のオシラサマはその性をぬかれて博物館に飾られている。役を終えて人形のように美しいその姿に出合って、私の心は遠野のまだ見ぬオシラサマのもとに飛んだ。

盛岡より東北本線、釜石線を乗り継いで一時間三十分、東京からは五時間五十分余りで遠野に着く。

沿岸部の釜石地方と内陸の盛岡、花巻地方を結ぶ交易の中心地であった遠野は、文治四年（一一八八）、源頼朝に領地を与えられた阿曾沼広綱が治めた時代より繁栄が続いたのも、遠野に集まる物資をこの里で育った馬達が運び抜いたお陰であろう。

遠野の里人は馬を家族同様に愛して暮す。それは曲がり家建築から察することが出来る。

綾織町上綾織の千葉家は日本十大民家の一つで、百八十年の歴史を持っている遠野地方随一の、豪壮な曲がり家である。

L字型の一つ屋根の下に馬屋があり、家族や客の出入りも、いろりを囲む人々の姿も近くにあって、共に暮す人と馬の心は自然に通いあう生活となる。江戸中期（一七〇〇―）よりこの造りが定着したという。

千葉家の前庭から見渡す限りの土地は、かつてこの家が所有する一部であったそうだ。

遠野には馬と娘と蚕の話が哀しく伝えられ、それがオシラサマと蚕の起源になっている。

天竺のある長者の娘が馬に恋をした。長者は馬を恨み殺してしまい、その皮を桑の木にかけておくと、娘がその下で泣き悲しむうち、馬の皮は娘を包んで天に昇っていった。それから父親の夢枕にたった娘は、「春三月の十六日の朝、夜明けに起きて庭の臼の中をみて下さい。暮らしに困らない物があります」と言う。やがて其の日になり臼の中を見ると、馬の頭をした黒い虫と娘を思わせる白い虫がわいており、それに桑の葉を与えて養い育てた。それが蚕であった。

日本十大民家の一つに数えられる千葉家の曲がり家

千葉家の庭には屋敷神が祀られている

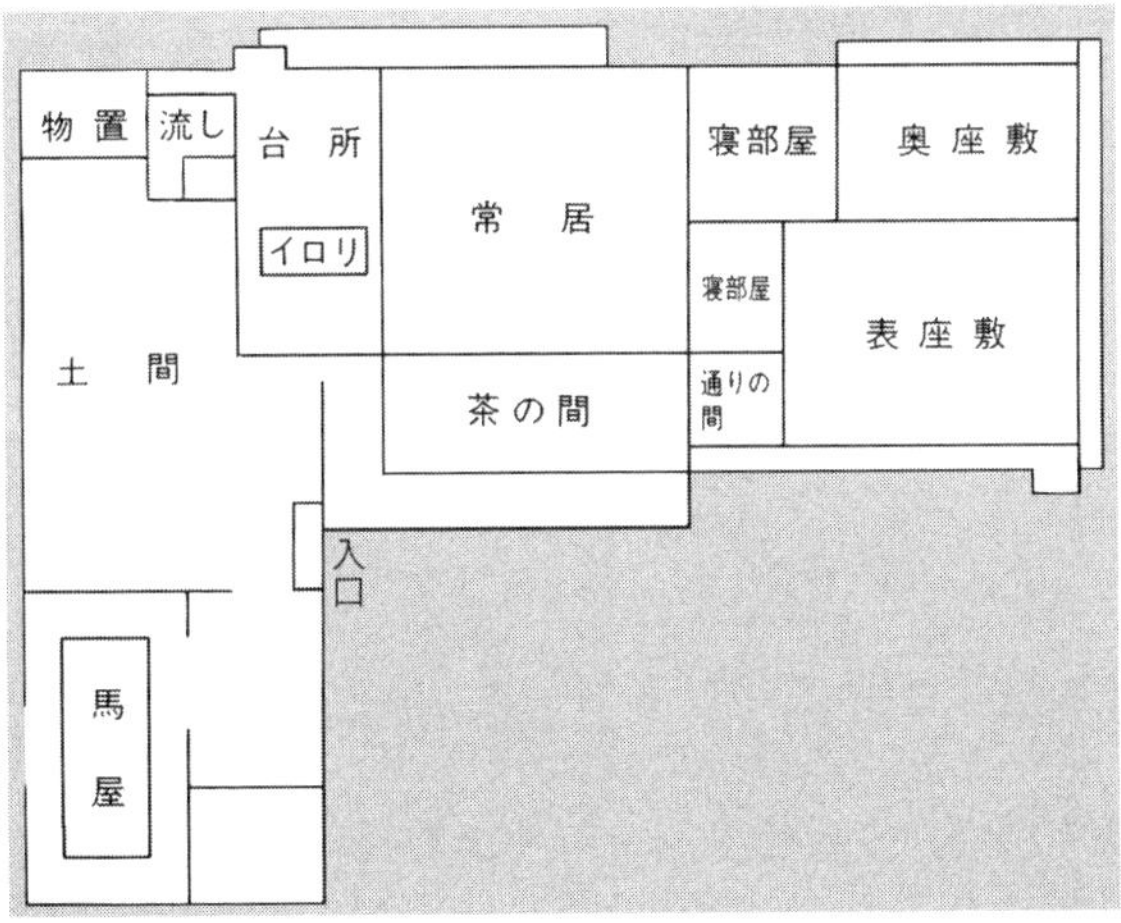

千葉家の曲がり屋平面図

娘の父親を貧しい男とする話では桑の木につるして殺した馬の首を斧で切り落すと、泣き悲しむ娘はその馬の首に乗って天に昇り、オシラサマはこの時現れた神だとされ、馬をつり下げた桑の技でその神像を作ったといわれている。

口伝えの物語りは集落ごとに少しずつ違うが、その原典は二千年を経た中国最古の伝説集『捜神記類』巻十四と、呉の『太古蠶馬記』の馬娘婚姻譚《ばろうこんいんたん》を起源としている事は間違いない。

唐の神女伝蠶女も話としては変わらないが、日本では馬娘婚《ばろうこん》と題され、日本名著全集『怪談名作集』に紹介されている。

土淵の北川家には八体のオシラサマがあり、北川深雪さんというお婆さんが、オシラサマの話をされるので有名であったが、惜しいことに亡くなられていた。

無人となった家で、オシラサマは美しいオセンダクに包まれて、語り部のないまま客を迎える。

「誰もいないけどいいから上れ」と、案内する人は自分の家のように振舞う。私は北川のお婆さんが生きているつもりになり、目に見えぬ姿に手をつき、続いてオシラサマにも挨拶をした。

「よく、きやんしたね」

手の触れんばかりにオシラサマに近づいた私に、優しい声が聞えてくる。友禅模様の揃いのオセンダクに身を包んだオシラサマを可愛いといってはお叱りを受けるかもしれぬ。

「また、きてがんせ」

北川家をたずねる人達に、お婆さんは必ずこういって別れを惜しまれたという。再び遠野を訪れることがあったらもう一度北川家に行きたい。オシラサマ達にも会えるが、亡くなったお婆さんの心は、あの家から離れることはないだろう。

岩手では天正六年（一五七八）のオシラサマを最古としている。天正十五年（一五八七）九月と記された一対も発見されたという。そのオセンダクによって、みちのく地方の庶民達が着た染織の流れや、衣服の移り変わりが判るように思うが、オシラサマの年代の確かめようは、中の芯木を見るより方法がない。

沢山オセンダクを身につけているため、肩が張るだろうからと脱がす場合もあり、枚数が少ないオシラサマだからといって時代が新しいとは限らない。

遠野のオシラサマは屋内神で、巫女の守護神でもあった。祭りの日や寄合の席に彼女等はオシラサマをかざして祭文をよみ、御託宣を告げた。

その祭文の説明は重複するようだが、現在残るものは大正末期の頃からの語りもので、年代としては新しく、遠野には余り知られていないが、宝暦十二、三年（一七六二―三）と推定される「蚕祭文」の写本があることを知った。

室町時代から六角牛山《むつこうし》の麓で修験者をしていた家から、その資料は発見されたという。長い語り物で全部書き記すことは出来ないが、宿で読みふけった私は、いったい巫女達が節をつけて唱えるのであれば、二時間や三時間で終るのだろうか、と考えてしまった。オシラサマを祀る家にとっては厳粛で重みのある儀式ではなかったのかとしみじみ思われた。

そもそも白神の御本地をくわしくたずね奉るに　須弥山《しゅみせん》の麓に四万《しまん》長者とて長者一人ましまし

この長者と申すわ　四方に四万の蔵をたて　南方に七々波の泉をたたえ　蔵の宝は蔵に満ち　箱の宝は箱に満ち　龍馬けん属に至るまでも　乏しき宝はましまさねど　男子にても女子にても一人の子の無き事をなげき給う……（略）

……男子にても女子にても　一人授け給わるならば　数のかけ物かけ参らせん　先ず一番のかけ物に　蜀江の唐錦を百反揃えて　戸帳にかけて参らせん　二番には綾が千反錦千反　美濃の上品三千疋　金の紐にかけ候うべし……（略）

……観世音はふびんと思召し　その儀ならばここに白神の種とて一つの粒有り　これを汝に得さすべし　この子必ず女子なるが　この姫十三と成るならば　夫婦の中に一人死すべし　長者聞き給ひてその子こよい生まれ　明日は何とも成らばなれ　是非に授けてたべ候　観世音さらば授けんと　白神の種をば長者の左の袂に入れ給へば……（略）

……玉の様なる姫君なり　長者夫婦の悦びはかぎり無く……（略）

……程なく十三に成り給う春の頃　花園にて花を眺めてましましが　日も夕刻に成り給えば　家形に返らせ給いしが　御馬屋の見物とのたまえて……（略）

……父の秘蔵の名馬あり……（略）

……姫君さても美しきこの馬やと　首《かしら》をなでさせ給いて家形に返らせ給えける……（略）

……姫君この馬にお手をかけさせ給いしより　この馬思いの種となり申し候……（略）

……姫もいかなる大名小名の子なりを姫に取らんと思いしに　畜生に思をかけられし事の無念なり　急ぎ栗毛を引き出だし　桑の木の下で皮をとき失えと仰せける……（略）

……不思議や姫君昼寝の夢はさめ　桑の木はいずくとたずね給う　実に夢の如し　栗毛の首をひざの上に　かきあげくどき給うぞ哀れなる　然れど不思議や……（略）

……天にわかにかき曇り　大雨大風しきりに　栗毛が皮に姫君引つつみ天に上りける……（略）

……天のとがめが有るならば我が一命を取り給えと　夫婦嘆き給うと　いずくともなく老人一人来たり給いて　もとより白神のことなれば　もとの神所に返るなり　是は天の蚕なり　飼い巻いて姫が嘆きをとどむべしと　白き虫と黒き虫を取り出だし　長者の左右の袂に入れ　長者有難しと天地四方伏し拝み　家形に帰らせ給いける……（略）

……飼蚕の種を授かる也《なり》が何をか養に《えじき》飼うべきや　御台聞し召し　姫失いし桑の木の葉で飼い給え　桑の葉取りて飼い給えば　この虫ことに進みける……（略）

……いよいよ子が子を生じ千人の桑とり　桑原山に上り葉を取り参る……（略）

……長者いよいよ喜び　春蚕夏蚕に金蚕　美濃蚕と種引きてまたくる春は　蚕を飼い給う　さらば綿をかけんとて　綿かけ女房千人千具の釜を立て並べ　練り手かけ手に立ちわたり　のして竿にかけ　もとすえかけて中もたう……（略）

……この殿の上座の前に　巾口揃えて積んだ綿　綾蔵　錦蔵　帛《きぬ》蔵たて並べ　この帛《きぬ》綿十蔵《とくら》に積む蔵の宇賀神　弁財天神は本地を彰わせば……（略）

……左より右に渡しゃ智栄《ちえ》の神　智栄早かれ利生早かれ　東方より南方え　いばいて通る神の黒駒　南方より西方え　いばいて通る神の黒駒　西方より北方に　いばいて通る神の黒駒　北方より中央に　いばいて通る神の黒駒　五方よりいばいて入る駒の音に　福を入り増す　悪魔退く蚕

飼初め　この四方長者より初め也　黒駒の本地般若十六善神と敬白し奉る　再拝　再拝　さてただ今の白神のさえもんをしずがふせ　百やの中間にてあざやかに読誦《どくじゅ》申し奉ること　家内安全御護祈禱のため　御しゃうてい　御しゃうてい

岩手篇

佐々木家の曲がり家（岩手県立博物館資料より）

0 15 30km
二戸市
久慈市
盛岡市
宮古市
花巻市
遠野市
湯田町
北上市
釜石市
江刺市
水沢市
大船渡市
陸前高田市
一関市
東磐井郡川崎村

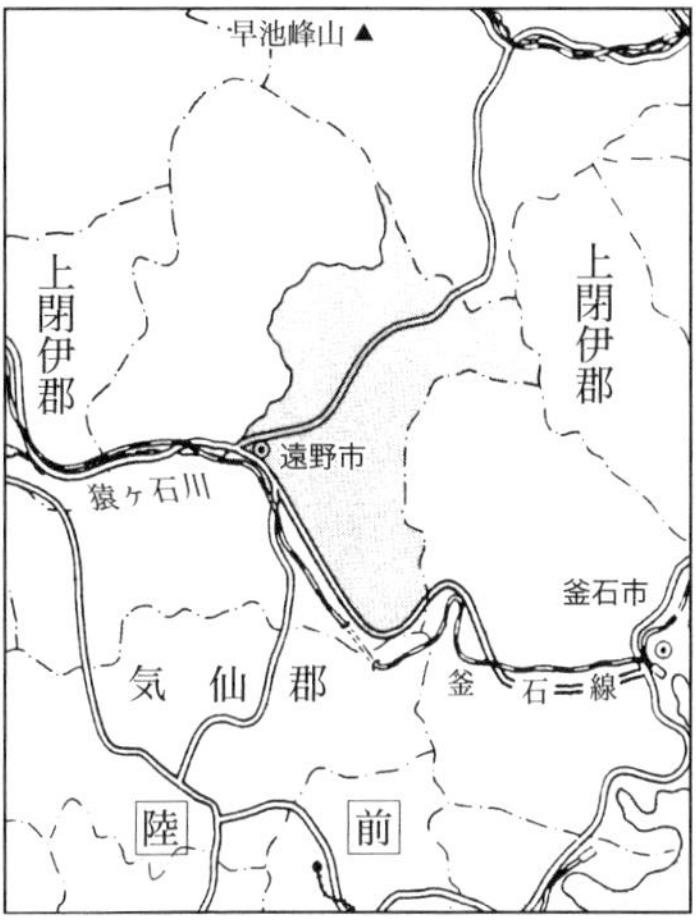

遠野市周辺図

天人兒《てんにんこう》の曼陀羅《まんだら》

早地峰《はやちね》山、六角牛《むつこうし》山、石上山を遠野三山と呼ぶ。

この山々が囲む遠野郷と周辺の里人達は、遠い昔から深い信仰を三つの山に寄せていた。

東京二十三区に匹敵するという広い里うちは、聖なる山にまつわる話を初め、数々の伝え話を生み育て、それらのすべてを長い年月、みちのくの山ひだの中にたゆわせていたが、明治四十三年柳田国男により『遠野物語』として世に現れた。

わが国における民俗学の道標とまで称される名著は、現代に至ってもなお多くの人々を魅了し、四季を通じて訪れる旅人の大半は、その物語を遠野の手引書として携えていると聞く。

山や家の神々、河童《かっぱ》、座敷童子《わらし》、鳥や獣《けもの》に魚達、物の怪《け》、まじない、山姥、天狗……自然現象から人間を取り巻く不思議の数々が、主人公となって話を彩っている。

数々の伝説を秘める遠野三山に囲まれた遠野郷

しかし内容が余りにも幻想的で、怪《あやし》の里だ、かくれ里の恐《おそ》れだと受けとめられもするのは、一冊の書物を通して遠野を想像するからで、いまこの里は昔人の喜怒哀楽が、さまざまなロマンとなって華《はな》開いているのである。

少々怖い話でも、先人の戒めであったろうと解釈すれば、眉も曇ることはない。

おだやかな人情と限りなく美しい遠野の自然は、秘められた昔を絵のように私の前に再現してくれる。

遠野三山と三人の女神

大昔、湖であった遠野が里となってからと思うが、ある女神が三人の娘をつれて近くの高原に遊び、来内村の伊豆権現の社《やしろ》に宿をとった。その夜、よき夢をみた娘によき山を与えようと母神は約束した。夜ふけて天より降りた霊華が、上の娘の胸に止まった。末の娘はそれをひそかにわが胸に取り、とうとう一番高く美しい早地峰山を得た。

姉達はそれぞれ六角牛山、石上山に落ち着き、その主となったが、若い女神は妬みが強いと怖れた遠野の女達《ひと》は、つい最近までこの三つのお山に登るのを控えていたそうである。

曼荼羅を織る天人兒

六角牛山は遠野の東方に一二九四メートルのなだらかな起伏の姿を横たえている。

昔、その山に天人兒がいて、麓の村にある七つの池で水浴びをするため、池の中の〝みこ石〟という岩の上にきものを脱いで置いた。

その日魚釣りに来ていた惣助という村人が、珍しい物をみつけたと、天人兒のきものを持ち帰ってしまった。

きものがなくなって天に帰れぬ天人兒は、朴の葉を身にまとい、魚釣りをしていた惣助の家をたずねあて、「きものを返してくれ」と言う。

「もう殿様に献上した」と嘘をつく惣助は、困りはてて泣く天人兒から、田を三反借してくれと頼まれる。

蓮華を植えて糸を採り、機を織ってきものを作るというのである。惣助は池のほとりに笹小屋を建ててやった。

やがて花咲いた蓮華から引いた糸で、天人兒は毎日機を織り始めるが、小屋から聞こえる美しい歌声に、ついつい惣助は機織る所をのぞいてはいけないという天人兒との約束を破ってしまった。

不思議なことに天人兒の姿は小屋になく、織機にかかった糸の間を杼《ひ》が静かな音を鳴らして走っている。

惣助は〝衣〟という天人兒のきものを隠しきれず、ほんとうに殿様に献上してしまった。暫くして天人児は、織りあがった曼荼羅という布を殿様に差しあげた。

珍しい布を贈られた殿様は、「天人児に会いたい」と言い、「何か望みはないか」と惣助に伝えさせた。

天人児は、「何も望みはないが、殿様に御奉公がしたい」と答え御殿に招かれた。美しい天人児に驚いた殿様は、大切にもてなしたが、天人児はくる日もくる日も食事をせず、毎日ふさぎこんでばかりいた。

やがて夏がきて御殿で土用干しが始まると、その中に天人児の〝衣〟もあった。それをみつけた天人児は素早く〝衣〟を身につけ、あっという間に空に舞いあがり、六角牛山をめざして飛んでいってしまった。

長い間嘆いていた殿様は、形見となった布を〝綾の曼荼羅〟と名づけ、光明寺に納めたという。

光明寺の綾の曼荼羅

伝わる話では、笹小屋建てた地を青笹村、曼荼羅を納めた寺のあたりを綾織の地名にとどめている。綾の曼荼羅を寺宝とする光明寺は釜石線綾織駅からが近い。

楽しいことに、この綾織にも天人が天降《くだ》って機を織ったという話が別にあり、光明寺ではない寺が天人の曼荼羅を持っているというが、どの寺か知る人はない。

本堂へ入って左手に襖半分位の額があり、綾の曼荼羅が飾られている。

薄茶の地色に黒い宝相華《ほうそうげ》のような模様が織り出してある。奈良の当麻寺でも〝蓮糸曼荼羅〟や衣が

光明寺

現存するが、私には麻と思われてならなかった。

遠野では明治、大正初期まで屋敷内に糸坪といって、麻を植えるところがあり、大麻を栽培し常着から野良着、馬具、蚊帳《かや》を織っていたそうだ。大麻は糸が太く布地の目は細かくはならない。目の前の曼茶羅も布地がやや粗い。やはり麻と思ってよいだろう。

綾の曼茶羅には天女の舞姿が織り出されているといわれてもいるらしいが、どう目をこらしても私にはその模様がとらえられない。

西陽が本堂に流れこみ、曼茶羅の額に光の影を落とす。すると淡く浮き出ていた模様の線が、よりぼかされてゆく。

模様を見極められないもどかしさのなかで、蓮糸ではあるまい、織られた年代は……と詮索してしまう。寺宝に対して不遜な想いを抱く心貧しい者には、見えるべきものも見えないのかも知れない。

麻の綾織りと絹の綾織り

和銅四年（七一一）朝廷直属の挑文部《あやとり》は、錦、綾織りを広めるため、諸国に挑文師を派遣した。

糸を税とした国々は、献上品に織布を加えさせられたのであるが、そのほとんどは絹織りであったはずだ。

遠野では元禄八年から九年（一六九五—六）に絹を織り始め、正徳年間（一七一一—）上方の織物から〝綾のかけ様〟を工夫したという記録がある。

麻の綾織りがあったから絹の綾が織られたとは記されていない。この曼陀羅は年代をどこまでさかのぼればいいのだろう。

絹の綾織りが江戸時代に織り始められても、厳しい当時の政策は庶民にそれを着ることを許してはいない。せめて麻織りに綾の美しさを現わそうとしたのか、それとも麻を衣服の主とするみちのくの国々にも、挑文師がきて技術指導をしたのだろうか。

麻に限らず、樹皮や毛皮を身につけた庶民の衣服の歴史は、江戸時代以前を知ろうとしても容易ではない。着替えを何枚も持たぬ衣生活では消耗されつくしたと思わねばならぬ。

弥生時代の織機から推定される布の織り幅は三三センチで一尺に足らない。奈良時代になると布幅は七一センチで約二尺四寸と広くなる。

綾の曼荼羅に触れてみたいのを我慢して、これは何に使われたのかと考えてもみる。端布に違いはないが、織り幅が見たいのである。麻織と勝手にきめつけただけでよいのに、現代までの年月をさておいて、千年という途方もないへだたりの中で、江戸から古代にさかのぼり、また、古代から江戸に駆け戻る想いの重さは、私に収拾のつかぬ荷を背負わせてしまった。

六角牛山幻想

二人連れのように長い影法師を引きずって、とぼとぼ野道を歩く私は、傍の石塔や、朽ち果てた小さな祠《ほこら》を横目に通りすぎ、風化の見える石仏に声をかけることすら忘れていた。

小さな吐息を緑の風が優しくさらう。その風に促されるようにふと後を振り返った私の目に、六角牛山がなぜか近く、見えるはずのない山の峠道も目に浮かぶ。

思いつめた想いは遠い昔、手末手人《たなすえのてひと》として機織りの技を教えにきた人、もしくはその人達を峠道に立たせている。古代から、優れた手仕事のすべては渡来人によって指導された。

衣の仕事の染め、織り、縫いは、やはり異国の女《ひと》を師としている。

なぜか形容は違うが、天人兒は天女であるから、その身にまとう衣裳は、各地で人々の目を見張らせるほど珍しかったと思われる。

六角牛山に私が描いた幻の道に立つ人は、みるみるうちに領布《ひれ》ゆらめく、たおやかな衣裳をまとった女人にと姿を鮮明にする。

美しい女《ひと》は遠野郷を背にして峠を進む。木立ちに見え隠れする後姿は天をめざしているように思われる。

遠野の山は空に届きそうである。私が見上げるように、殿様も衣ひるがえしてお山に帰った天人兒を慕って眺めたのであろう。その嘆きはこの空のどこに吸いこまれてしまったのか……。

道づれとなっていた白い雲が静かに六角牛山の頂に消えた。

もうすぐ、遠野の里は夕焼に染まる。それまで私は夢を見続けよう。

糸屋治兵衛

一、見世方商ひ繁昌に成、年々利潤の廻りよく、もうけ沢山に相成る時は、右に随い内方の入用も嵩むもの也、さればもうけんと心がけんより、入用の嵩まぬことを思うべし、入方少き時は心に苦労すくなし

一、無尽銭又は講中溜銭預りくれ候義頼まれ候共、堅く預り申間敷前々より申伝の趣を以て相断り申すべきこと

一、諸代品物諸書付金銭請取渡は、多少によらず、如才《じょさい》なく仕るべく、但し懇意《こんい》の衆なり共、受取御紙遣すべく候

一、貸方は心に附て止度もの也、止る事ならずば多分に相成らざるよう仕るべき事

一、売買取引毎に強く争い、口論に及ぶべき事間間《まま》これあるものに候、子供等えは分《わけ》て教え置、左様これなきよう心懸《が》け申すべく、すべてまけて事を済ますは、商人の心懸け専要の事に候

一、脇店より品物調え参る人などえ其の品々善悪又は、値段の高きなど必ず申間敷、子供などえも心得させ候事

一、主人の名前これある書付必ず必ず外に投、又は堰《えん》などに投申せざるよう心懸け申すべく、すべて外の人の名前や、書付など投申すまじく事

古着，呉服，紫根染を扱い，盛岡の豪商といわれた旧中村家

これは明治、大正時代まで、盛岡の豪商といわれた中村家の遺訓の一部である。

中村家は宮守村出身の先代治兵衛が、天明二年（一七八二）から盛岡で豆腐屋を始め、成功して古着屋となり、呉服も扱う大店《おおだな》となったのであった。

子孫の心得るべきこと十九ヶ条を遺訓として書き残したのは、二代目清兵衛で、その時代に屋号を「糸屋」または「糸治」と定めた。

清兵衛は享和二年（一八〇二）世を去ったが、中村家は南部藩の特産品紫根染を一手に商うほど栄えていた。

「糸屋」の商法と紫根染

私がのぞきこむ格子戸は夜間の用心のためのもので、店が開かれている間は、はずすようになっている。その内側には蔀戸《しとみ》で二重に戸締りがなされた。

店の戸棚、引出しは造りつけで、客は店先に腰をかけたり、畳敷に上って品物を選ぶ。「糸屋」では藩札貸売りを嫌い、現金売りの商法をくずさなかった。

「現金かけ値なし」の長さ五尺、幅一尺、厚さ一寸二分の看板は、

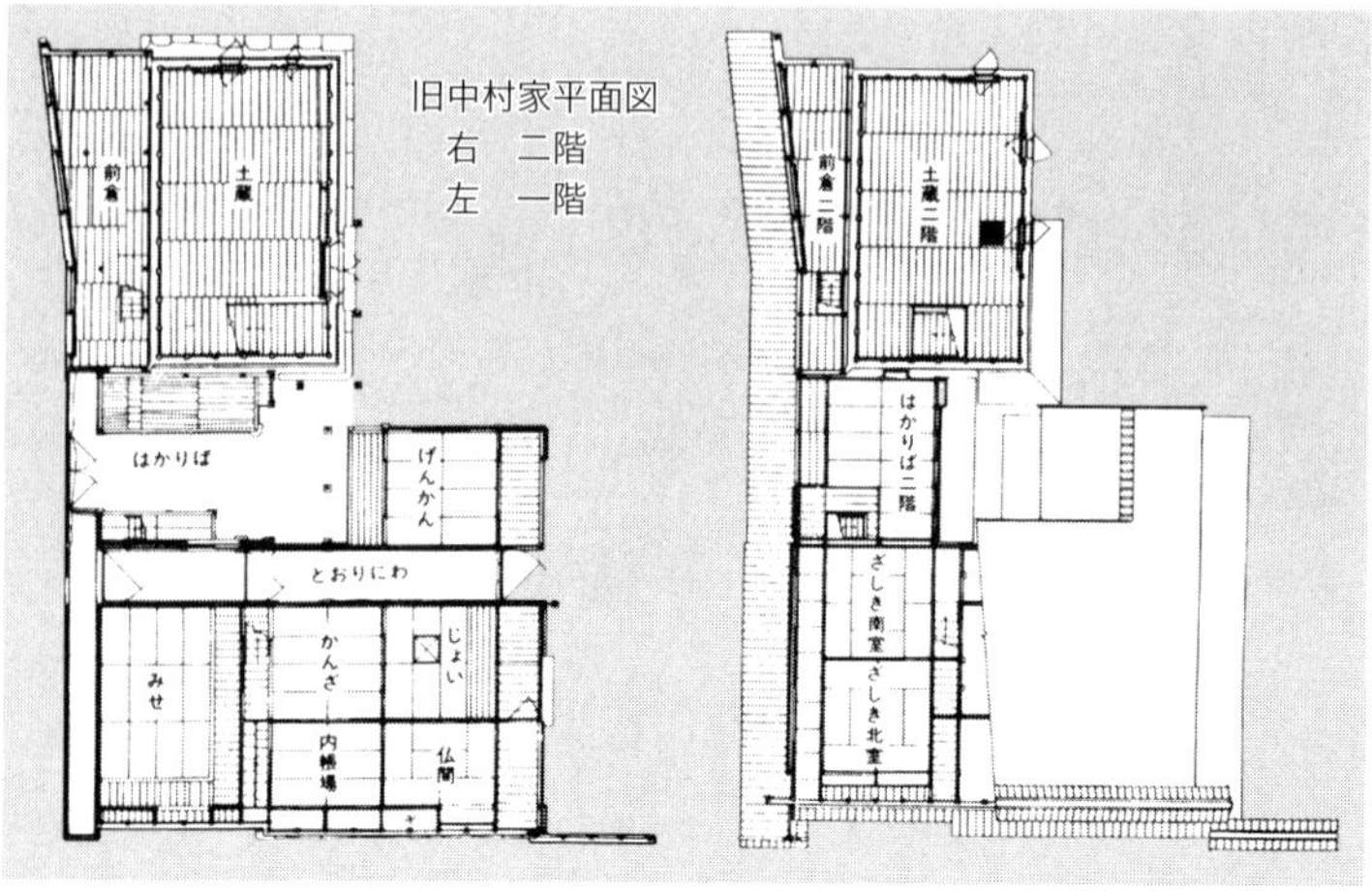

旧中村家平面図
右　二階
左　一階

店の入口や大黒柱にかけられていたという。現金売りの商いは百八十年前の貞享年間（一六八四―）江戸で始まってはいるが、殊に東北では大変な事であったと思う。

初代治兵衛は農村出身で、商いは上方商人の家で奉公するうちに会得したらしいが、ほとんどが近江商人で占められていた南部藩の商い仲間に、地元農村出身で加わり、財をなしたのは見事である。

「糸屋」の家長達は経営全体のなかで、二十人前後の従業員を含む、家族の労務管理に細心の注意を払うことにつとめている。凶作が相次ぐ地方で、食に飢えれば奉公人は反物を切ってでも持ち出してしまう。決してひもじい目に合わせてはならぬため、世間の噂にならぬよう、用心して米の貯えを心掛けていた。

寒国に住みて、飯料の貯えなくては大不覚なり。

初代治兵衛の並々ならぬ経営手腕は、徹底して守られたのであろう。古着は東北地方に欠かせぬ衣料であった。

豆腐を作りながら女の願いを察し、古着を扱いながら社会が安定するや呉服を商う。時の流れを見据えた初代の教えが、南部藩が重要産物の一つとする紫根の染めを一手に扱わせるほどの店に成長させたのだと思われる。

紫根は奈良時代から紫色の古代染料として貴重なものであった。山野に自生する一年草の根が染料となる。

元禄七年（一六九四）に、藩は紫根を他国に輸出するのを取り締まり、密売買はことのほか厳重に禁じられた。

南部領の紫根は京、大阪の商人によって買いとられたが、その下り船は古着を積み込んで帰ったのである。

紫根は染料のほかに薬用としても貴重であったらしく、内臓の働きを助け、毒を流し、腫物《はれもの》によく、魔がつかぬ、風邪をひかぬなどの民間伝承があり、紫色の腹帯、肌着、間着、晴着、赤児のきものにと用いられた。

そういえば紫色の寝具が流行した年は、全国のふとん店が紫ずくめであった。紫草の効能が、ただ紫色を身につけて魔を払うことのみに利用されたのであろう。

助六の紫の鉢巻

紫根の色を土地では〝南部紫〟というが、江戸での流行は歌舞伎によって始まったといわれ、〝江戸紫〟として知られている。

助六が頭に紫の鉢巻をして花道に現れると、幼い私はきまって祖母を困らせた覚えがある。

「どうして紫色の鉢巻でないといかんのかなぁ」

「紫は頭の痛い人が治るからや」

「そんなら家にも置いてほしいなぁ、お薬のまんでもいい」

祖母は助六の舞台になると、私にあてがうお菓子を用意するようになったそうで、そのせいか私は助六の所作事《しょさごと》を余り覚えておらず、いまだに紫色の鉢巻が名優の頭でゆれるのをみると、何か食べなければいけないような気さえしてくる。

祖母が亡くなってから聞かされた話であるが、今なら紫草の効能をうるさく説明して、また困らせるのかも知れない。

みちのくには紫根染めの家業をずっと守り続けている人がいる。それも良い色ではあるが、私が紫根染めを思うときには、必ず助六の鉢巻がゆれる。

蚕を護る猫の絵馬

北上川は東磐井郡川崎村横石あたりでひときわ美しい眺めを見せる。

川の流れと山沿いに延びる県道を前にしたその横石に、長石山大権現という社《やしろ》があり、またの名を浪分社、銚子宮、銚子権現社などと呼ぶ。

建立された年代は天平宝字（七五七―）の遠い昔で、奥州鎮守将軍藤原宇合が勧請したと伝わって

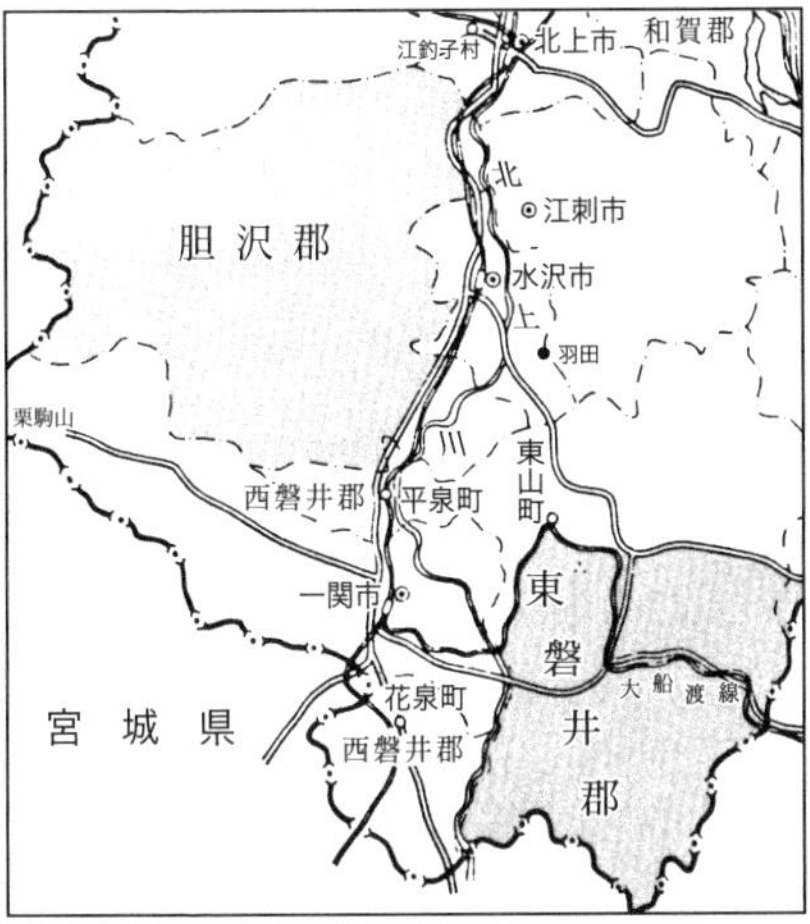

平泉周辺図

いる。

彼は蝦《え》夷《ぞ》平定の戦いで舟を北上川に進めたが、横石までくる途中の渦巻く川をようやく乗り越え、横石まで上ったところで、滝となってあふれる川に行く手を阻まれてしまった。

困りはてた将軍は川の中に大蛇の横たわるのをみつけた。大蛇は白い体を向う岸まで長々とくねらせ、川水はその背でせき止められ、背を越して滝となっていたのである。

この大蛇を祀らねば舟も動くまい。川の静まりもない。まして兵士達の恐怖を安んじるためにと、将軍は直ちに大権現を川岸に奉じ、山を削って社を鎮座させ、祭礼を行った。

すると、不思議なことに滝はみるみる細まり、川水も引き、あれほど恐れおののいた大蛇の姿も、石と変わって川底を横切っている。

水澄んだ川は白く長い石の間に舟道を見せる。それを神示としたゆかりか、社は山号を長石山と称し、武運、

この川の流れの底に白い石が横たわる

舟運の無事を併せて祈ったという。

　時代が流れてもこの社に土地の人々が寄せる信仰は深く、ことに舟運が途絶えるまで、社詣りももちろんであるが、人々は行き通う舟の中から必ず伏し拝むべきとされていた。

　石だと判っていてもそれは権現様の御神体である大蛇で、心がけのよくない者が舟で上り下りすると、蛇体が舟道をふさぎ、川水も音をたてて通さなかったと、祖父や父親からの語りつぎを想い出としている人もある。

　また、長石は干ばつの年にその姿を現すので、北上川の下流では、石がどうなっているかを気にかけ、時々見に来たらしい。

　昭和五十年の大干ばつのときには石はその長い姿をすっかり現わしたというが、百年に一度も見られぬためか、横石全体が拝めたら逆に良いことがあるとも信じられていた。

　少し石が現われると干ばつと案じ、全体が見られたら良いとは矛盾もはなはだしいが、石を御神体と敬った時代であったからこそ、こういった矛盾も許される。

　今はこの石を神の化身と信ずる人がいるかどうかは知らぬが、川面に白い石がのぞいている。「今年はいいのかしら……」。私のつぶやき

昔は養蚕守護の神として栄えたこともある権現社

は同行の川崎村教育委員会の土方さんの耳にとどき、答が返ってきた。

「最近は川の水が少なくなって、いつもあのくらい見えるんですよ」

その説明は私を何となくほっとさせた。先刻も大船渡線の鉄橋を渡るとき、何気なく川を見下ろして、川底になにか長いものがゆらゆらしていると思ったが、昔人が大蛇の横たわる姿と重ねたのも無理はない。

権現社の猫の絵馬

権現社はこの横石から近く、雑草を手折りながら進んだが、昔はもっと境内が広かったのではなかろうか。

年代のはっきりしないまま、養蚕守護の職能を加えて、社は近在近郷に、あらたかな蚕神として存在を示し、栄えに栄えた時代があったというが、その面影は縁に山と積まれた絵馬が物語っている。

川崎村は山桑茂った里であったという。家蚕以前に天蚕も飼われていたと思うが文献はマユから生糸をとり、商品化したのは江戸後期文化十四（一八一七）よりと記す。

現金収入につながる養蚕は村あげての産業となったのであろう。豊

いつのまにか蛇の絵が猫に変わってしまった絵馬

穣を祈り願う神は、蚕を護る力を持つ権現社が選ばれた。なぜなら、蛇は蚕を食べるねずみを追うからである。

御神体を大蛇と信じた人々は、木札に蛇の絵を描き蚕室に飾った。札をかけた翌日、蚕室でねずみを捕えた蛇をみかけたということから、霊験あらたかなりとの噂が広がっていった。

蚕飼《こがい》する人々が木札を借りて帰り、マユが上ると新しい札を社に奉納する。この風習は明治、大正、昭和の初期まで続いたはずである。

しかし、いつのまにか蛇の絵が猫に変わった。

大小不揃いの絵馬に木の色香は残っていないが、一枚一枚に思い思いの猫がうずくまっている。

祈願成就、願主敬白とは威儀を正して書いたのであろうか。夫の名の脇に妻の名はちんまりとある。

難しいことはやめようじゃないかとばかり、猫だけ描いてすませた面倒くさがりの人の絵馬もあり、「これ猫ですか。まぁ、こんなに太ってる。あれっ、この猫寝てるみたい」と、実にさまざまな絵馬があふれている。

五百枚を超す札が社の床下をはじめ、ここかしこにあるが、まだ社殿の中や、社に仕える別当さんの所にもあるかも知れない。

江戸時代に遡って調べてみたら思いがけない歴史のひだに触れられるのではないか。土方さんは「やってみたいですね」と言って下さる。

一枚の絵馬に託す願い

庶民の生きる知恵はその時々の産業に忠実で、それにまつわる信仰も形を変えて伴われる。感謝と感動を与えられるすべての実りにささげた素直さと、何かの支えを必要とした人間の心の弱さが、絵馬一枚一枚に交叉しているように思われてならない。

そもそも絵馬とは、木札に馬の絵を描いて、生きた馬の献上に代えたもので、寛弘元年（一〇〇四）より風習として広まっていった。

室町時代中期（一四六〇―）になると、馬の絵以外のものが多く描かれ、形も内容もさまざまとなり、専門の絵師まで現われている。

現在神社に奉納される絵馬は、全国どこにいっても形は統一されたように同じで、祈願の内容も書きこまれており、求める人は項目ごとに選べばよい。

昔は飾るといえば拝むことにつながったが、いまの絵馬は神社で買うことに意義があり、あとはただの飾りとなっている。神様まいりの証明書みたいで淋しいものである。

蛇から始まった絵馬が、ねずみが恐れる猫に変わったが、のべ何枚の絵が権現社に奉納されたであろう。おそらく何万を上回る数に違いない。

灯明、ろうそく、ランプ、電燈と移り変わる灯《ともしび》の下で、一心に猫を描く父や母、ときには子供が筆をとったかも知れない。

物がなかったからといってしまえばそれですむが、既製品ではないこの絵馬には、手間暇惜しまぬ心がこもっている。

千枚あれば千軒、五百枚あれば五百軒の蚕飼《こがい》する家が、一枚の絵馬の背後にある。家には家族がいて、その人達が一片の木札にマユ上るまで手を合わせたのではなかろうか。

養蚕家がなくなって参詣者も少なくなった。祈願用もお礼詣り用の絵馬作る人も、納めにくる人もいなくなったが、目の前にある猫の絵馬達に心を通わせていたら、一枚ずつ御苦労様でしたと、ほこりを拭ってやりたくなった。
※村史によれば、明治以後浪分神社と称した権現社の祭神は、瀬織津媛命であるという。この女神は機織神の職能を持つ。村内各所にある蚕影様《こかげさま》と合体した信仰のためであろうか。

御糸良神社《おしらじんじゃ》

無人駅の多い北上線で、いまにも倒れそうな駅舎に驚いた私は、湯田での下車をためらった。

陸中川尻駅で「御糸良《おしら》神社はどこでしょう」とたずねると「もう一遍言ってくれ、それ何です」など職員の皆さん達にざわめきを起こさせてしまい、問い合せがあちらこちらとなされて恐縮してしまった。

あいまいな返事ばかりの中で地図が出来上がり、私は和賀川の上流に向うことになった。

奥羽山脈の懐に抱かれた
沢内村

良い糸をと願った人の心が御糸良《おしら》の社名になったのではと想うあまり、また見知らぬ土地に縁を結ぼうとしている。

「それにしても心細いなぁ」とかげった顔に、「いいですか、湯本でバスを乗り換えるんですよ」の念押しが繰り返された。目指すのは奥羽山脈の懐に抱かれる沢内村だそうである。

最初からの予定ではなかったが、やむを得ない。バスの中で私は元気を取り戻していった。

沢内村は藩政時代、南部藩の隠し田といわれた土地であったが、凶作が続いて農民が苦しんだ哀話が、甚句に残り唄いつがれている。

この村あたりでは、かつて良い生糸がとれた。昔人は、金色姫を本尊とする社《やしろ》を建て、わが作るマユを供えて感謝の祈りをささげたという。

オレシャと称した病気の蚕は、神から授かったものをマユとしなかった詫びに、神に返すとして社におさめた。おそらく人里離れた社の境内に埋めたのであろう。

御糸良の名にひかれたとしかいいようのない私は、「いつ蚕を仕舞ったかなぁ」と首をかしげる村人達から、かえって珍らしがられてしまった。

そっくりの社が二つ並ぶ
御糸良神社

蚕飼を止めた所はどこでもそうであるが、蚕神や機織神の所在を点々と移し、ついには、その存在もあいまいとなっている。

あっちだこっちだと沢内、湯田を歩き回った私は、とうとう終バスを見送って、湯本からタクシーを頼まなければ動きがとれなくなってしまった。

名だたる豪雪地帯は雪囲いも仰ぎみるほど高く、しっかりと組まれていた。廃校となった小学校を過ぎてようやく土地出身の運転手さんの車に乗り、マタギの里を行きつ戻りつ御糸良神を探す。

細い山道で急停車した車は

「おおーい、山神さんにゃあ、おしらちゅう神様があるんかい」

声は田圃《たんぼ》に向って発せられ、うずくまった背がもっこりのびて、

「そういうこんだ」

「あのうー、蚕の神様ですか」

私も負けずに声をはりあげた。

「ほんだまぁいってみいや」

「村一番の物知りだから間違いない」と、運転手さんは喜んで私を促す。「車が入らないから、降りろ降りろ」と田圃の人影が手を振る。

二人はお国言葉で何か話を続け、私は山神様の石段をかけ上がった。

沢内村で見かけた養蚕道具

驚いたことにそっくりのお社が二つ並んでいる。どちらが山神様なのだろう。

御糸良様は後から移されたと聞いて、職能も失ってさぞ小さくなっているだろうと思ったのに、思いもかけず大切にされていることで私は嬉しくなっていた。

「ありがとう」

手を田圃に振れば、かがみこんだ姿は動かず、

「あんだぁー」

と声を流す。ここはまだ出稼ぎ人が多い村という。土地を離れなければならぬ人々は、家にいる間だけでも、より土に親しもうとしているのではないか。私はまた丸まった人に向って頭を下げた。邪魔をしてはいけない。

御糸良神の名はそのうち忘れられ、名なしの神となってしまうかも知れない。それでもいいではないかと、私は空に近い岩手の山々を仰いだ。

この山々が神とマユ作った人々の歴史を覚えていてくれる。夫の留守を預かる女達をこれから先も見守ってくれるのは御糸良神だろう。あなたは新しい職能を受け持つようになったのですね。

杼《ひ》や潟《がた》

昔、二人連れの商人が秋田から仙石峠を越えて南部領に入った。とても暑い夏のある日だったという。

その日のうちに橋場宿《じゅく》まで行きたいと旅を急いだ商人は、お天道様が真上にきた正午には、八二四メートルの頂上まで足を進めていたが、その附近には昼食をとる場所も、谷川の水も見当らない。

背負った荷は重いけれど、これから峠の道は下りばかり。途中で休む所もあるだろうと、励ましあった二人は、ようやく森をみつけ立ち寄った。

樹木の茂りの中には澄みきった美しい水をたたえた沼もあり、樹陰で汗を拭い弁当の握り飯を食べ出すと、それまで静かだった沼にさざ波が立ち始めてきた。

風もないのに魚でもいるのかと眺めている間に、波はだんだん高くなってくる。

飛沫は二人が休んでいる樹の下までとどき、森の中も薄暗くなり、生暖い風がそよぐと雷が鳴り、その音は雨を呼んだ。

震えあがっていた二人はとうとう恐怖のあまり、弁当を放り出して逃げ出したが、雷鳴は必死に走る商人を追いかけるように響きを止めない。

息絶えだえに橋場宿までたどり着いた二人は、宿の亭主からこう問われた。

「お前様達の荷は何だぁ」

「秋田で作った杼だぁ」

この答にうなずいた亭主は、「あの沼にはわけがあって」と前置きして、長い間語りつがれてきた伝え話を商人に聞かせた。

遠い昔でいつ頃かはっきり知る人もないが、あの沼の傍に落人と思われる年老いた武士と、美しい娘の二人がいつしか住みつき、父親は毎日狩りに出かけ、娘は獲物の毛皮で身につける物などをこしらえて暮していた。

風が村里の機織る音を娘のもとに運んだ。機を織りたいと娘は願い織機は組めたが、杼になる木はどうしても得られず、父親にもせがんでいた娘は、ある日水を汲みにいった沼底でちょうど杼になるような木を拾いあげ、父親に杼を作ってもらった。

杼は面白いほど布をよく織り、糸の間を飛ぶようにくぐる。

不思議なことに、その杼は糸をくぐるたびに言い現わせないほどの妙なる音をかなで、山から帰った父親もその音色の良さに、戸口でたたずみ聞き惚れるほどであった。

娘は日がな杼の音に合わせて唄いながら機を織り、その声は鈴の音のように山や谷にこだまして流れた。

隠やかな日々がこうして過ぎていったある日、戸口で声があり、父親かと出迎えに立った娘は、見知らぬ若者の訪れにとまどった。

「里の者です」。若者はこう告げ、狩りの途中で美しい唄を聞き、その声をたよりにこの家をたずねたという。

「それは、私の杼が不思議な音をかなでるから」と娘は自慢して、ほめたたえる若者に心を許し、「機を織って見せましょう」と言ってしまった。

娘が機場で鳴らす杼の音色を目を閉じて聞いていた若者は、耐えかねたようにつと杼に手をのばし、「ああ、俺の角」

そうつぶやくが早いか杼を持って外に飛び出した。驚いた娘はすぐあとを追ったが、もう若者の姿はどこにもなく、一匹の大蛇が沼に向かっていた。

大蛇の角に自分の杼がかかっているのを見た娘は怖さを忘れ、同じように沼に向かったが、大蛇が沼に入ってゆくのをみて、沼の主の龍が若者に姿を変えていた事に気づき、杼がその角の一部であったのを知った。

娘は沼の小波が消えるまでおびえていたが、たとえ沼の主の角であっても、今は私の杼だと思い直し「杼を返してー、杼を返してよ」と叫び、狂ったように沼を走り巡った。

何回駆け、何度叫んでも杼は浮かんではこない。杼を忘れられぬ娘は、それなら取り返そうとでも思いつめたのか、沼の中に身を踊らせた。

日暮れて帰った父親は、機音のしないのをいぶかりつつ家に入ると、機が倒れ娘の姿もなく、彼女が大切にしている杼もない。留守中に娘の身に大変なことが起きたに違いない。父親は娘の姿を探して沼までくると水汲み場に娘の履物が散らばっている。

何年となく澄みきっていた沼の水も、なぜか濁っていて、父親は娘が沼に身を沈めたのを認めねばならず、わけもわからず、なすすべもなくただ娘の名を呼び続けるばかりであった。

父親がそれからも娘を想って沼に立つと、必ず沼に波が騒いだ。年老いてゆく父親は、その哀しさを道行く人々に訴え、沼の噂は里人の間でも広がっていった。

やがて、杼を作る木を背負った人が沼を通った時、大波の立ち騒ぐのを見たといい、杼を持った人が近づくと嵐がおきるという口伝えの話から、「あの沼は杼が嫌いなのだ、沼の主となった娘は杼を嫌うのだ」とされ、杼をいやがる〝ひや潟〟と呼ぶようになったそうだ……。

いまは水草生い茂って、荒れ果てた沼の確かな場所を教えてくれる人もないという。

田沢湖線で秋田と岩手の県境を越えるとき、私は重なりあう山々の中にせめて仙石峠を眺めたいと願ったが、隣りあう人達の「はて、さて」という間に山々から引き離されてしまった。

木の都秋田で良い杼が作られ、東北地方にそれを商った人達があったことを、この話は私に教えてくれたが、これだけは訂正しておきたい。

娘は決して杼が嫌いではなく、機織りに専念していたから、良い杼に限らず、機道具を大切にしたと思う。

杼に心残したという話がいつの間にか言葉選びを間違えて伝わったのだろう。しかし、この話も土地の人達の口にはのぼらず、かえって質問されて私をまごつかせた。

哀しい話は消えてしまったほうがいいのだろうか。

宮城篇

背守り入りの裂織り胴着

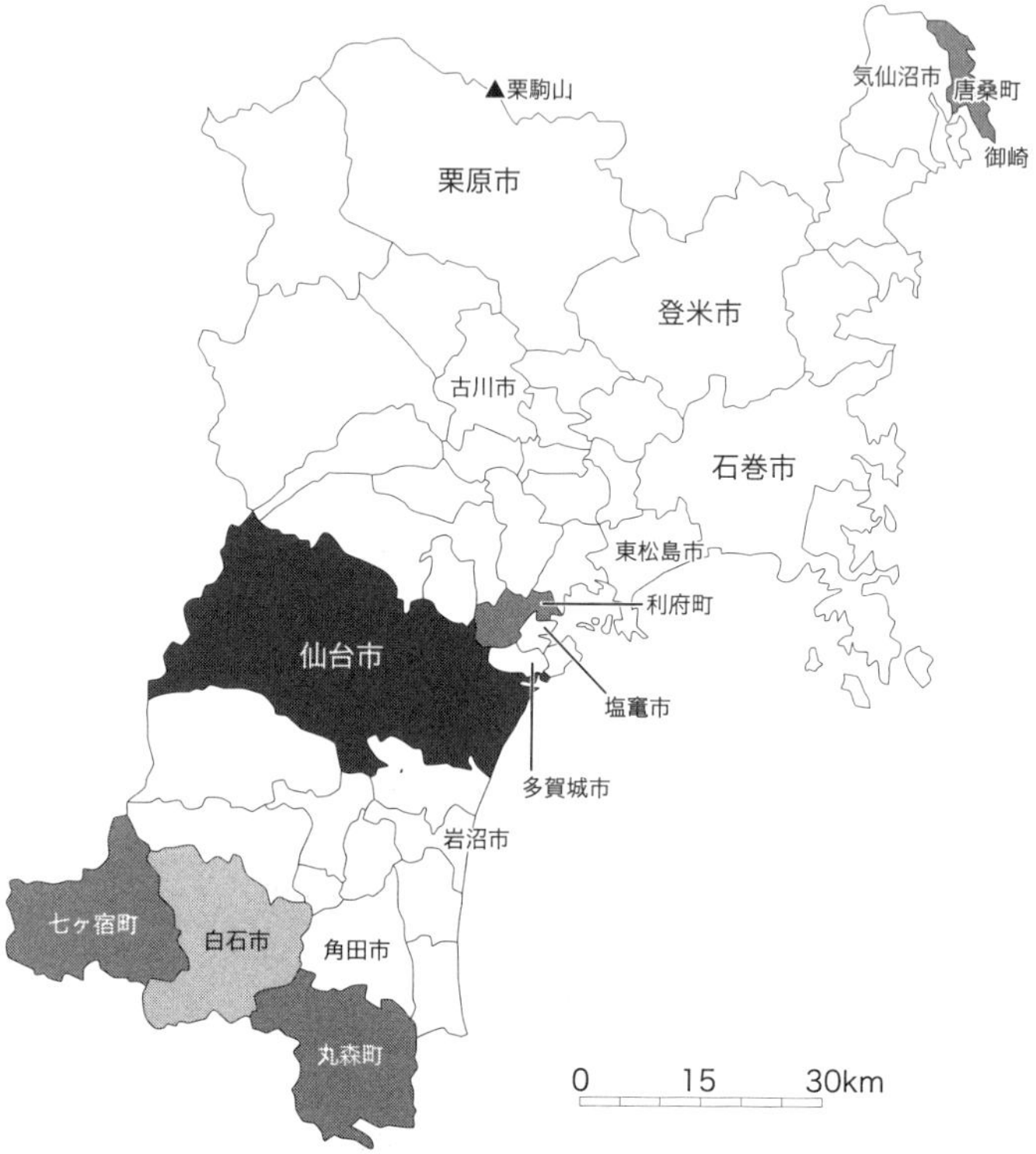
▲栗駒山
気仙沼市
唐桑町
御崎
栗原市
登米市
古川市
石巻市
東松島市
利府町
仙台市
塩竈市
多賀城市
岩沼市
七ヶ宿町
白石市
角田市
丸森町
0
15
30km

栗駒の藍染め

みぞれが降り出してしまった。一ノ関ではまだ曇り空を保っていたのに、石越駅からあわただしく栗原電鉄の、発車寸前の電車に飛び乗ったとたんのことである。

窓ガラスに小さな水玉模様が重なり合って並び、見る間にすーっと線を引いて消えてゆく。乗客が少ないせいか、駅らしい所で停まっても車掌さんは駅名を告げない。常連の利用だからとは思うが、乗降する客の影もない駅ごとに、それでもドアは開いて閉じる。

私達はそのつど交互にかけ寄って次の駅名を確かめ、「まだ大丈夫みたい」と囁きあった。かつて女流登山家として活躍した二人の友達同行の旅は、見知らぬ土地で陽が落ち、真暗でみぞれが降ろうが心細くはない。まだ栗駒までは三十分もある。二人の友の真中で、私は久々のぬくもりのある旅に浸りきった。

しかし栗駒駅に着いてから私は忙しくなる。宿がきまっていないからだ。主婦専業の友人達がたまさか体があいたから一緒に、とついてきてくれたのである。

案じていた通り、あてにしていた宿は冬場に入って休館で、ダイヤルを廻すごとに呼出音が空しく響く。

私のあせりを見かねた売店の人は、「村営の宿なら泊めてくれるかも知れんよ」と教えてくれる。

「どうぞ」との声に肩から力が抜けていったが、「どう行けばよいのでしょう」の問いに、「栗駒山に向って真直ぐいらして下さい」とは驚いた。

みぞれ降りしきる闇の中で、旅人には栗駒山がどちらにあるのかも分からない。

一人の山女は「歩こう」と言い、一人はためらっている。駅に居合わす人達も「四、五十分もかかりやなぁ」と言いあうが、私は土地の人びとの声をいつも倍と見ている。

何だかんだといいながら車に乗ってよかった。町を抜けて山道に入ると、舗装道路が凍てついて白い。

ところどころ霧がかかって徐行しなければならず、道は大きくくねりつつだんだん高くなって、樹々をゆさぶる風のうなりが窓越しに聞こえるようで、耳が痛くなってくる。

「歩かなくてよかったね」。いい出しっぺが素直に認める声に、運転手さんが驚き、「この秋、隣りの駅で栗拾いの人が熊にやられたんですよ」と言う。

息を呑んだ私達は「三〇キロはゆうにあるからまだだいぶあります」と言われ言葉を失う。

暫く沈黙が続く。時間はわずかでも、後席の二人は暗闇を走り抜ける林ばかりを見つめ、助手席の私は小雪がおおう道ばかりが目に入り、長い時が過ぎてゆくように思われた。

樹立ちの奥に一つ二つ灯りが見え、私達は「あれですね」と救われたように声をあげたが、それは昭和二十二年入殖した開拓村の灯であった。

その灯りに暖められるように私達は元気を取り戻し、運転手さんも六メートルのこの道は、開拓村のために開かれ助かっているが、それまでの難儀は思い出したくないなどと話し出す。

この先の奥が閉館した駒の湯という道はただ暗い。車はさらに栗駒山五合目を目指して進む。

藍染めの原点を守り続ける千葉家

いこいの村栗駒荘は、季節はずれの客のために部屋を暖め、「まずは湯に入って疲れをとれ」と優しく、聞けば私達の他に一組の客があるのみという。

一六二七メートルの栗駒山は宮城、岩手、秋田にまたがり、この山荘は中腹で八四〇メートルの高さにあると知って、山女達の喜びはひとしおで、私の面目もたったようだ。

夜ふけてみぞれが止んだようで、窓を開けるとヒュウヒュウと風が部屋に流れこむ。星も美しく輝き出して明日は晴れるだろう。私は明日訪ねる文字村のたたずまいを、あれこれと想い浮かべた。

文字村下鍛冶屋、現在は栗駒町文字には、正藍染めの技術伝承で国の重要文化財になられた、千葉あやのさんの家がある。

一人の老女が黙々と麻を刈り糸に紡いで布を織り藍に染める。その技法は染草の藍が自然に醗酵するのにまかせて、夏場のみ染められた。

昭和二十五年の夏、それを見た人の報告で、あやのさんは昭和三十年四月、国の宝と決まったのである。

藍をカメに入れて火で暖め、年中染める方法は近世になってからで、あやのさんのように、桶《こが》で建てて染めるのは、奈良時代にまで遡る染色法であるが、栗駒周辺では昭和の初めまで、数軒の家々がその染色

あやのさんが朝夕声をかけたという
藍を立てる桶

を行っていたという。

冷《ひや》染めとして指定された名称は後になって訂正され、古来からの技法を誰に命じられるでもなく守った老女は亡くなって、今は娘のよしのさんが伝承している。

著名な千葉あやのさんの作品を度々手にもしたし、沢山の記事も目にしていて、いまさら私ごときが書きつらねる事柄はないと、栗駒の里への訪れはためらいがちにのびていた。

その文字村の土をとうとう踏むことになって、神様のようだったと伝わる千葉あやのさんをしのんで、私が浅い眠りに入った時、二人がそっと部屋を抜け出てゆく。

翌朝いつになく早起きした私が、日の出前に浮き出た山々の美しさに感動していると、後から起きてきた二人は昨夜おそく、星を眺めるため山荘を出て、寒空にたちつくしていたという。さすが山女達である。

山荘の厚意で私達は文字村まで送って頂くことになった。

私が感動した今朝の山々は、鳥海山、月山、蔵王連峰、駒ヶ岳、岩手山、早地峰山と名が知らされたが、それを覚えるのは二人にまかせよう。

藍畑の向こうが麻畑
になっている

五合目あたりに風が運ぶ雪は一〇メートルにも吹き溜るが、山荘近くは一メートル五〇センチくらいで落ち着くそうだ。

スキー場はここにもあるが初心者向きで、上達すると皆鳴子に行ってしまうらしく、山荘経営も大変らしい。

「近道です」と走って下さる道は、八十ヶ所のカーブで時々ひやりとする。雪に埋もれてしまう道は、半年のあいだ人が通わぬ道となる。想いを込めて眺めてゆこう。

待ちかねる春の訪れはコブシとミズバショウの花が咲いて知らせ、続いて山々は匂いたつ緑に包まれてゆく。

文字村が近くなった。「連絡をしなかった」という答えは、実直な主任さんをとまどわせたようだが、私は作品を求めるわけでもないし、世におもねず、人に媚びず、黙々と仕事をして国の宝となった女性のたたずまいを拝見するだけでよいと思っていた。

親しい間柄なら時かまわぬ訪れも許せようが、見知らぬ訪問者は予告あるなしにかかわらず、先方の生活に割り込むことになり、本人や家人の段取りしてある仕事も取り上げてしまう。

連絡して先方の都合をうかがうのが礼儀である場合でも、興味本位の訪問であったら、さぞ迷惑されるのではなかろうか。突然の訪れが

坊やの優しさに千葉家の心映えを見た

ぶしつけとわきまえていれば、身の引き際もいさぎよく出来る。

文字発のバスは朝夕のみで、栗原電鉄も一時間から二時間ごととなれば帰りはタクシーと決まる。

また氷雨が降り出した。千葉家はよしのさんがお留守で、お嫁さんは闖入者を暖く迎えて下さる。

「ここなら御覧になっていいですよ」と案内された仕事場は板敷で、機《はた》が二台備えられていた。土間にはあやのさんが「おはようがす、おやすみなし」と声をかけたという藍桶が蓆《むしろ》を掛けて二つ並んでいた。あがりはなの部屋には数々の作品や賞状に並んで、温顔のあやのさんの遺影が飾られている。

天井にまで糸を吊した仕事場を出ると、あやのさんからは曾孫になる坊やが、藍畑や麻畑にと促す。

来客が多いせいで人懐しい子になったといわれるが、畑から道に廻った私が雨に濡れると、坊やは傘を持ってかけてくる。

人を案じて自分がしずくをしたたらせる子を、私は思わず抱きしめた。もうおいとましよう。糸を晒し布をすすいだ二迫《ひょう》川や、山あいの穏やかさが、この幼な子の優しさに現われている。

この栗駒の里で育《はぐく》まれた人の情が、藍種を先祖から受け継ぎ、布染める知恵を伝え続けたのであろう。

千葉家の心映えを坊やによって知らされた私は、お嫁さんにも素晴らしいことを教わった。

「どんなことも決して一人では出来ません。おおぜいの人に助けてもらうお陰です」と。

青麻《あおそ》神社

東北本線岩切駅から私が行こうとする青麻神社は、六キロ先の山奥にあるという。交通の便は途中までバスがあるらしいが、そこからの連絡は判らず、どうも山道を歩かねばならないようである。

これだけ判ったのも、同じ列車で降りた四、五人に追いすがるように尋ねたからで、その人達も次々と去り、無人の駅に私だけが残ってしまった。

諦めようかどうしよう、考えあぐねていた私は、「あんなぁ」という声に振り向き、その人が先程息子さんの迎え車に乗って行かれたお婆さんと気がついた。

「お婆ちゃん忘れ物ですか」

そう声をかけたが、首を振ったお婆さんは、息子の車がタクシー会社の前を通るので、頼んでやるから車で行くようすすめるために引き返してこられたと判り、私の目はうるんでしまう。

旅人の私を案じる母親の気がすむようにと車を戻した息子さんは、「余計なことをいい出してすみません」と恐縮なさる。

青麻詣での名残りを示す石碑

「いえ、いえ、有難いことです。お婆ちゃんの仰しゃる通りにします」

「うん、うん、気をつけてな」とうなずいたお婆さんと息子さんは、「反対方向で送ってやれないから、悪いなぁ」とまで言い添えて去って行かれた。

また、恩返しも出来ぬ御縁を頂いてしまった私を乗せた車は、冠川の堤防沿いから高森山の南を下に抜け、山道をたどって県民の森を越える。

高森山の頂上には、南北朝時代壮絶な戦いを繰り広げたと伝わる岩切城跡があるが、有名な多賀城跡が近くにあるため知る人は少ない。

途中の県道で見かけた青麻道の石碑は、明和三年（一七六六）戌九月吉日の刻みがあり、かつては盛んであった青麻詣《もう》での名残りを示す。

「青麻の道標もあれだけになってしまいましたわ」。また登りの山道に入った車は、運転手さんのつぶやきを「ここら一里四方が青麻神社で広いでしょう」と続けつつ、「でも今は詣る人がめったにないけど、お客さんはわざわざ何しに」と不思議がる。

車寄せから少し戻って、私は本殿に向う赤い小橋を渡った。

青麻の字が示すように、この里には麻に関わる地名青苧《あおそ》が村内にあ

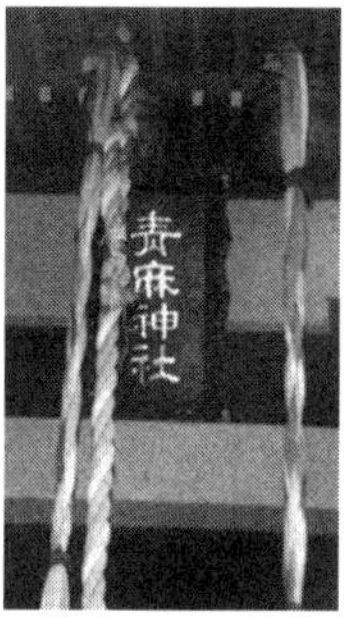

今は詣でる人も滅多にない青麻神社は，難病治癒のご利益があるという

ったというが今も残っているだろうか。

社の由緒をたどれば五十五代文徳天皇の仁寿二年（八五二）都より穂積保昌なる人が来て、この地の里人に麻を植えることを教え、住居とした岩屋に日月星の三光神を祀った。

麻植えをすれば、必然的に糸を紡ぎ布を織ることもなされたはず。近郊の里人達の生活が良かれと願う穂積保昌を大人と呼び、三光神を青麻岩戸三光宮として崇めたという。

本殿の裏には大人の住居であった岩屋があり、御神宝の鉄鏡を奉る神殿がある。

神紋までも麻の葉とするこの社は麻豊かなれと祈り、良き麻とれた喜びを捧げた起りも今は必要としない。

三度社の土を踏めば一生中気よりのがれ、眼病を治し、海の旅を守る由緒と変わっているのである。

元禄十一年（一六九八）火災に遭った社は、縁起書、古い記録、系譜の総てを焼失した。藩主の保護のとどかぬ社は、その後の運営に困り果てたことであろう。

大人の子孫である久作という人が天和二年（一六八二）、貧しさのため眼病となり遂に盲目となった。その彼はある夜の夢枕に、白髪の老人よりこんなお告げを得る。

「正直者で信仰あつい お前の目を治す。私の去る方角の天を拝め」と。

姿は青麻の山に消えた。その日から久作は丑の刻(夜中の一時頃)になると青麻山に登り、二十一日間天に向かって祈った。すると星が見えるようになり、さらに三十日祈り続けて全快した。

再び夢枕に現われた老人は、札を述べる久作が名を問うと、「源義経の家臣で常陸坊海尊といい、今は清悦仙人と称し野州の山中大日の岩屋に住む」と告げ、「青麻の岩屋に何を祀る」と尋ねる。

「日月星三神を祀る」という久作の答えに、仙人は「我も信仰を同じとする故、その岩屋に移り住もう」といい置いて姿を消した。

所兵衛と名を改めた久作は、奮起して岩屋前に社と拝殿を造り、仙人を尊び村人の加護を祈り始めた。眼病にあらたかな神との噂は諸国に流れ、青麻詣での人々は次第に多くなり、村人達は飲食の店まで開いたと伝わる。

遡ってみれば所兵衛は青麻神社の再興者であり、以来社の由緒が新しくなっても、やむを得ぬことであったろう。

まだ江戸時代の衣服に麻が占める位置は高く、ことに東北での麻作りは、昭和の初めまで続いている。

青麻山の近郊で麻を急に栽培しなくなったのではなく、賢い所兵衛が定着した麻の信仰より、難病根治を唱えて社の名を世間に知らしめたからに違いない。

日月星を大日如来、不動明王、虚空蔵菩薩と所兵衛は信じていたらしいが、現在の祭神には天照大神、天之御中主神《あめのみなかぬしのかみ》、月読神《つきよみのかみ》に常陸坊海尊が加わっている。

『仙台市史』は常陸坊の源義経に対する忠義ぶりとして、中気（中風）の字を当て長患いの病いを治したというところから信仰が生まれたのではと記す。

それにつけ加えれば、所兵衛が修験者に神社再興の知恵を授かった恩義から彼を神格化し、祭神も明治政府の意向に添って仏の名を廃したのではなかろうか……。

「こんなときしか来れぬ」と、何事か一心に祈る運転手さんを促して車に戻る。急がねば冬入りした里の陽は二つの山を越さぬ間に落ちる。

五月一日奉納の神楽舞を拝見しても、そこに私が想う元禄以前の社のたたずまいや、里人の祈りはよみがえってはこないだろう。

山道をひた走る車のゆれは私を千百余年の昔、麻衣を喜んだ古代の里人を懐かしく思わせ、当時の人々が何を身にまとっていたかを考えさせる。やはり樹皮衣や皮衣であったかも知れない。

麻が衣の世界から遠のいて、社の創祀斎穂積大人は、神として崇められてはいないが、青麻の名がこののちも改まることはないだろうから満足せねばなるまい。

仙台の知人は青麻詣でを報告する私に驚き、「桜かツツジが咲く頃がよかったのに」と嘆き、近くの人でも知らぬ人が多い社だが、「そこに何があるのか」と聞かれてしまった。

ツツジや桜並木も覚えてはいるが、私は作られた並木道でない山道に、江戸時代の昔人でもいい、とにかく青麻詣での人を歩かせたい。

そして難病治癒を願って急ぐその人達に、「あのお社は昔、麻作りを教えた人が祀ってあるそうですねぇ」と、一言《ひとこと》いわせてわが想いを閉じよう。

狐の鳴き色

昔、昔、染屋が庄屋に「狐の鳴き色に十《とお》足らずの紋をつけてくれ」と頼まれた。考えても判らぬ染屋は、物知りの和尚さんの所に行って聞くと、将棋を指していた和尚さんは、「狐の鳴き色ならコンだべぇ」と言った。

「十足らずの紋は」と聞くと、「九曜の星だべぇ」と言う。染屋は紺色に九曜星を染め上げたんだと。

昔、和尚さんが小僧に白地の反物を渡し、「染屋に狐の鳴き色に染めてもらってこい」と言った。小僧は困って物知りの酒屋にいって聞くと、樽から酒をあけていた酒屋のおやじさんは、「山吹色に染めたら」と言う。染屋は山吹色ではおかしいと思い、物知りの鉄砲うちに聞いた。すると「コンコン」と言うので紺色に染めて持って行くと、和尚さんはとても喜んだそうだ。

栗駒の里は九曜星を家紋とする家が多いという。二つの話の他にも〝村はずれの色〟に染めてくれと頼まれ、「村はずれは村の先だから、紫色」と教える知恵者の話もあり、染屋が困る昔話は、頓智や謎とき話のようで楽しい。

佐野製糸の工女墓

「おめえ、何屋だぁ」

突然その声を背に聞いた私は、あたりに人影はなかったはずと後を振り返った。土肌をみせた山側のバス停にうずくまったお婆さんが声の主らしく、じっと私を見据えている。

昨日、白石を十五時四十五分発のバスに乗り、角田で乗り換え煙るような小雨に包まれた宮城県南の伊具郡丸森町に着いた私は、それからさらに六キロ奥に入らねばならなかった。

白石から高い山、低い山が囲む上り坂を越え、賑わう町並の角田を通って、下り坂の山々の囲みを抜け、丸森の町で息つく間もなく、また山の懐に抱かれるような道を車にゆられるのは、町からそんなに遠い場所とは知らず、宿を予約したからである。

私を乗せた車の運転手さんは、「町の中にも宿はありましたのに」と笑いながら、「けんど、あのあたりには足をのばせば、不動尊公園や清滝もあるから」と慰めてくれる。

車は阿武隈川支流の内川に沿って走る。この川は川底が階段状になっているため、小さな滝壺が多いらしい。

樹影で薄暗い宿の玄関は足を踏み入れた私をふと立ち止まらせる。大きな熊が出迎えているからだ。東北地方の資料館や山の宿で、もう何度となく対面しているものの、やはり出合う場所によって息つめて眺めてしまう。この熊も近くで捕えられたそうである。

阿武隈川支流の内川には小さな滝壺が多い

雨で水かさを増した川は、夜明けまで部屋の中に、流れ行く水音をしのびこませ、私は浅い眠りの中で内川を遡ろうとしていた。

不動尊公園、清滝、そのまた奥の、完全な形で壺を持つ女性埴輪を出土した古墳や、仙台キリシタン迫害の難をのがれた人々が、阿弥陀堂に祀ったというマリア観音に出合いたいと、夢ともつかぬ想いにたゆたったのも、水の流れが心ひかれる場所へ私を運ぼうとしてくれたのであろうか……。

見果てなかった夢のあとを追うように、朝一番のバスを待つ間、内川を見入っていた私は、お婆さんが現れたのを知らなかった。

旅に明け暮れてもう八年は過ぎていると思うが、いままで私は物売りにだけは間違えられたことはなく、それにしても近くに人家もないのにこの人はどこからなどと、答えの言葉をためらっていると、またお婆さんは繰り返す。

「おめえ、ふんとに何屋だぁ」

私は川岸を離れ道を横切って、お婆さんと並びうずくまると、昨夜この前の宿に泊まり、これから金山《かなやま》の工女墓に行く予定を説明した。

うんうんと聞いていたお婆さんは、「どっから、ござったの」と聞き、「ここらには物売りがようきたもんだ」と言い添え、問わず語り

佐野製糸場跡には今は
石垣が残るだけ……

に「わしも、糸とりや機を織ったもんだ」とつぶやく。

佐野（金山）製糸工場

丸森から一里南方にある金山は明治九年村制がしかれ、明治三十年八月金山町となり、昭和二十九年十二月丸森町と合併したが、かつては伊達家の家臣中島氏が治めた二千石の城下町で、阿武隈川の支流雉子尾川が流れて良い水に恵まれていた。

この地に明治十八年洋式糸繰機の最新設備を施した、宮城県唯一の製糸場が建てられ、寄宿舎も完備して明治十九年より操業が開始された。官営富岡工場（群馬県）には及ばないが、個人工場としては目ざましい活躍を始める。

南に鬼形山がそびえ、宮城県内では亘理郡と共に、温暖な里である金山は広くはないがまとまった平野もあり、村を流れる川の水質もよく、阿武隈川の水運も可能で、交通不便な点は峠越えして、相馬中村より汽車を利用出来ると考えた佐野理八は、福島県二本松で経営していた製糸場を廃止する代わりの土地を、明治十五年頃より物色し、丸森と金山に目をつけ候補地としたが、地元の協力者もあって最終的に金山が選ばれた。

佐野理八は弘化元年（一八四四）近江国神崎郡佐野村に生まれ、安政二年（一八五五）数え年十二歳で、江州の豪商外村家に丁椎として入り、生糸、呉服商を家業とする店で、文久三年（一八六三）二十三歳には、福島方面で生糸を仕入れ、江州に送る仲買人とまでなっている。

茗荷家の号を持つ外村家を明治五年（一八七二）に去った彼は、豪商小野組の小野善右衛門、支配人古河市兵衛のたっての願いで、小野組奥州七店を束ねる大任についた。

生糸を扱う店だけでも東北一帯に数十の支店を持っていた小野組は、明治維新のおり経営が乱れ、明治八年には閉店となり、佐野理八は東北各店の整理を無事終了させ、その後二本松で製糸場を設けたが、二本松城跡を工場としたため、土地の人、特に士族達との平和を欠くことを考え新しい土地を求めたのであった。

伊具郡金山村本郷の鬼形山の地たるや、清水の湧出を以て名あり。仙台を距る八里、槻木より五里、阿武隈の大川舟行は二時間の順風を得れば、三里半なる太平洋上に達する事を得るのみならず、土地高燥、気候温和にして、鬼形山は山質花崗岩より成り、山は甚だ高からずと雖《いえど》も、樹木鬱蒼《うっそう》として四時純良なる清水は至る処に溪流となって湧出し、片磨の砂利を通過して此の本郷に下り、降雨あれども用水の濁水を見る事なし、於是かフランスベルサンド会社より、最新精巧なる製糸器械緒立釜附直揭式九十六窓及、汽鑵汽械の到着を待って十九年七月、製糸場をば開業せり。

これは『佐野理八伝』にある彼の当時の心境である。

資本金三万八千円で明治十九年操業を始めた工場は、創立当時弘栄館と呼んだが、経営者の名をとって佐野製糸工場となり、土地の名称から金山製糸工場とも呼ばれていた。

工女達の守り本尊〝乙女観音〟

私は金山町に入ってまず瑞雲寺をたずねた。車の運転手さんは偶然にも金山出身であり、瑞雲寺の壇徒でもあったので、彼は案内役を買ってでて申し訳ないほど張り切ってくれる。

彼のお陰で、「さあさあ」と本堂に招かれた私は、佐野製糸場の創業以来、工女達が守り本尊とあがめた観音像が、工場閉鎖後ここに安置されていることを知った。

厨子が開かれると中に、三〇センチくらいの細っそりとした観音様が、優しいお顔でたたずんで居られる。

明治十八年設立から昭和十一年廃業するまでの半世紀に、佐野製糸には何人の娘達がいたのだろう。最年少は十三、四歳と聞くその子達もこの仏《ほとけ》に、こう手を合わせ何かを祈ったに違いない。

わずかな志を供えた私は両手を合わせ、ありし日の娘達をひたすら思った。糸繰りが一番になりたい娘、親を案ずる娘、病気になった友を気づかう娘などが、さまざまに浮かぶ。

目を閉じた私に、若奥さんが遠慮がちに声をかけられる。「観音様は工場裏の池のほとりにお堂があったのですが、寄宿舎と病室の間に移されていたのです。工女さん達は乙女観音と言っていたそうです」と。

銀杏の木のもとにある瑞雲寺は領主中島家の歴代菩提寺だった

大切に扱われた佐野製糸の工女達

工女墓の所在をうかがうと、外出支度の大奥さんが、運転手さんに西を指さし「お富士山（ご当地富士）の」と言われると、彼は終りまで聞かず、「わかった」と叫んで車にかけ戻る。

瑞雲寺は長禄二年（一四五八）建立されている。その時植えられたという沙羅双樹が五百年を超す歴史を秘めて、一一メートルの高さで茂っていた。またこの寺は天正十二年（一五八四）より領主となった中島氏の歴代菩提寺であった。

政府のすすめで二本松に洋式製糸場を建てたものの、その工場を解散しなければならなかった佐野理八は、熟練した工女をそっくり金山に移し、彼女等を指導者として近在から募集した工女を育成させた。

当初は百六十三人の工女に男子工が二十四人、明治三十年には二百十七人と三十七人が、七時半に仕事を開始し、五時終了まで働き、朝夕汽笛がその日の始まりと終りを告げて、金山の町に響いたという。

「俺の在所のこんだから」と言って、先にたつ運転手さんと私は、ツルイバラに引っかかれながら、寺の西の山裾に息をはずませ登った。草におおわれた細い山道の左手に、佐野家の墓地があり、その一画

佐野家墓地の一画に28名の
工女の墓が並んでいる

に御影石の工女墓が並んでいた。二十八名がここに手厚く葬られているのだ。

最年少は十五歳であったといい、皆、病み患って亡くなったが、故郷が遠くて金山に埋葬されることになったらしい。

記録によれば越後国出身者が多く瑞雲寺を創建した瑚海中珊禅師も越後出身というから、何かの縁でつながっているのだろうか。

越後長岡の藩士は、戊辰の役で西軍と戦い、長岡から会津二本松、相馬へと戦《いくさ》を転じて破れ、二本松周辺で百姓仕事にたずさわるようになった人も多く、この縁を頼って二本松の製糸場に就職した娘達もあった筈である。

二本松も金山も製糸場は工女の審査は厳しく、当時としては女性の職業として先端をゆく高給で、応募者は士族の娘が多かった。年々平民の工女も身許保障があり、健康であれば採用されたが、二本松から移った越後長岡の工女を頼りにして、長岡藩ゆかりの娘達が就職したのではないかと、郷土史家の方達は想像しておられる。

越後の国が改まって新潟出身者に続いて滋賀、石川、仙台となる工女墓の娘達は、立派な墓石にそれぞれ戒名もついているが、過去帳には工場における階級も記されていた。

一等から七等、初級、予備に別れる階級は、明治から大正にかけて一等工女は日給十八銭、七等は六銭で、一銭から一銭五厘ずつ差がついて計算された。もちろん糸をとる成績によったのであり、指導者である教婦の日給は二十五銭であった。

休みの日を引いて給料が渡される日は、娘達の好みの品物を持った商人達が沢山出入りし、また金山の町へ買物にも出かけたりした。

一等工女の給料は、大正十三年には一日五十銭から六十銭となっているが、景気に左右されて、支給額は時によって変動があったと思われる。

明治時代の製糸工場には、女工哀史はなかったといわれるが、ここ金山の佐野製糸にも、そのかげりすらない。

親を助けるため姉妹で無駄使いをせず働いた話も残り、食物も豊富で、髪結さんは毎日寄宿舎に通って工女達は髪の毛一本乱していなかったという。

工女墓のもとに立ってもそれは確かとうなずける。明治二十一年（一八八八）から明治三十九年（一九〇六）の二十年間に亡くなったこの人達は、大切にされたからこそ経営者の墓地に葬られている。その後の墓石がないのは、工女募集が近県近在でなされたことと、交通の便がよくなったためや、病気になっても家に帰ることが出来、もし亡くなっても故郷に引き取られていったからであろう。

〝グランドマザーシルク〟

明治三十九年（一九〇六）には、グランドマザーシルクとして米国雑誌に紹介された佐野製糸は、創業以来国内はもとより海外でも数々の賞を得ている。

大正二年にはこの製糸場というより、金山の町に一大騒動が起きた。貿易関係の米国人スキンナー一家が、自動車で製糸場を見学するという報せが、横浜からとどいたのである。

四月上旬のその日、弁当持参で押しあいながら、外国人と自動車を見物にくる近在の人々を、伊具郡の巡査が総動員されて整理と警護にあたった。

門前で日の丸と星条旗の小旗を持って出迎えた工女達は、糸繰場に入ると六十人ずつに別れて、南北の台に座り、晴着に帯をお太鼓結びにして、紅白のタスキをそれぞれかけて糸を引いた。

大正三年の博覧会で最優秀賞に選ばれると、希望者を募り、会社が費用を半額負担して東京に旅行した。一行は七十名であったという。

博覧会を見て横浜の生糸検査所から山下公園まで、七十台の人力車を連ねたというから、その壮観さが想像される。

大正四年には佐野理八が七十二歳で亡くなり、社長は息子の市造が継いだ。佐野理八の胸像は金山の神社に建てられたが、昭和十八年供出のため取りのぞかれた。

大正六、七年には二百人以上の工女全員が、会社負担で東京旅行をし、毎年一泊旅行も欠かさず行われていた。

大正九年一月、生糸相場が史上最高値の百斤四千三百六十円に暴騰したが、最低の安値とされた大正三年の七百円に比べ、六倍の値上りはたちまち暴落を始め、四月には三千円を割り、五月二千円、七月千円となった。

生糸の立ち会いが四月十二日から七日間停止となった頃、佐野製糸では前年の好決算を喜び、会社は工女達にねぎらいの花見の宴を催した。大正九年四月十七日であったという。桜の花のもとで仮装大会の豪華な衣裳に包まれた工女達の華やぎはこれが最後となり、佐野製糸は十一年に金山製糸場を休業し、相馬中村の分工場のみ操業を続けたが、昭和二年までで、安田銀行に在庫のマユを引き渡して倒産した。

金山は製糸場あって栄え、全盛時に村から町となった。工場がなくては火の消えたような町になる。町民の願いを入れて度々経営者が変わり、再建のきざしが起きても続かず、かつての佐野製糸の繁栄は戻りそうになく、昭和六年に試みられた再建策を最後として、佐野の名は永久に消えることとなり、金山町の落胆は深かった。

最後まで残っていた工女達も散り散りに職を求めて去っていった。皆どんなに淋しく工場をあとにしたことだろう。

工女墓から裏の池、桜の木、石垣と廻った私は、足もとの敷地すら昭和十二年には、安田銀行に渡ったという伝えを思い、朽ちかけた建物の幻を懸命に追い払った。

近代経営に追いつけなかった佐野製糸が倒産しても、桜は毎年変わらぬ花を咲かせ、まだ水をたたえる池も、草むす石垣もある。乙女観音に工女墓がある限り、昔話は語られるし、ありし日も偲べるではないかと、私は運転手さんに、「金山の町って、素晴らしい歴史を持っていていいですね」と言わずにはいられなかった。

彼は、「昔のことだけど」と言いつつ、それでも嬉しそうに笑ってくれた。

かつては船頭三人付きの舟が百隻上り下りしていた舟着場

帰り道、「金栄橋の近くへ」と頼み、雉子尾川から水を引いた工場用水にかかる橋の袂《たもと》で私は車を降りた。良き職と人間を大切にした経営者に恵まれた誇りと幸せの笑顔でこの橋を渡ったに違いない工女達をたたえながら、私も歩いて渡ってみたかったのである。

橋からはこの地で「お富士山」とよばれる山もよく見える。山からも工場跡や金山の町が見おろせた。佐野理八が情熱を注ぎきった町はいまでも桑を茂らせ、蚕飼う家も多いという。昔はここに近在のマユが集まって、糸は横浜から海を越えている、いまはどこに出荷されているのだろう。

丸森の町に帰った私は阿武隈ライン下りをしてみたくなった。三十人乗りの舟に客は私一人。季節はずれなのである。舟は五キロを上り下る。かつてこの川には船頭三人付きの幅九尺、長さ十二間の舟が百隻上り下りして賑わい、その舟は二隻だけ終戦の年まで残っていたという。

炭俵三百俵、ときにはマユも積んだ舟荷の返し荷は、干物、砂糖よりもさつま芋が多かったらしい。それらは金山の佐野製糸までとどく荷であったような気がすると、私は勝手にきめつける自分にあきれはてた。

舟便盛んな昔だったら、この大きな舟に一人などとは、とんでもないことと思えばぜいたくな舟下りであるが、冷たい川風は私の想いを工女墓に運ぶ。

あの娘さん達も舟旅を楽しむことがあったのだろうかと……。

唐桑半島の桑止り浜

気仙沼から一時間十分ほど、宮城交通バス御崎行に揺られる。

赤瓦を葺いたお城のような家々が半島の入口あたりから、樹木の茂みのなかに点在する。遠洋漁業が盛んなこの町では、漁に携わる人々がこぞって家を改築したという。

豪壮な一軒一軒に目を見張り、その構えに驚き続けているうちに、バスは唐桑半島の最南端にある御崎に着いた。

自然遊歩道は岬を一周するように案内の標示があり、足弱には半周する矢印がよかろうと、私はためらわず、真中の道を進んで突端の崖道から、左の断崖沿いの半周コースを選んだ。

人影がない道は細く、下駄がはじく土くれや、小石が音もなく崖下にすべりゆく様子を目で追って身を引き締めた。なるべく崖側に寄らぬように体を引くと樹木の枝が髪にからむ。

まとわりつくきものの前褄を端折《はしょ》って帯に挟んだ私は、波濤さかまく岩石を横目に見下ろしつつ、息を詰めて道を急いだ。

唐桑半島でどうしても探したい場所のある私は、それでも少し凹んだ地形があると足を止め覗きこんでしまい、岩にくだけた波が白い飛沫を高くあげると、身をひるがえしてゆるい傾斜の続く崖道をかけ上がり、また足を止め、かけ下りるを繰り返し、バス停のある広場に戻ってきても、息を整えることは暫く出来なかった。

終バスに間に合った安堵と気の張りがとけて、座席にもたれて目をつぶる私に、

「あんた、もう半周したんか」

「まだ二十分しかたってへんよ」

見れば運転手さんと車掌さんが呆気にとられている。小走りしていることに気付いてはいたが、女子供の足で四十分はかかる遊歩道を、私はかけ走っていたのだろうか。

岬はカラスが多く黒い鳥達は、人に馴れ高く低く鳴き声をあげながら舞っている。その声が私の足をより早めさせたのかも知れぬ。

「見つからなかったんです」

顔見知りの土地の乗客は、停留所でない所でも手を上げ、バスは拾うようにその人達を乗せる。

誰にともなくつぶやいた私の言葉を耳に止めていたらしい車掌さんは、「年寄りがいるから聞いてやるが、何を見たかった？」と気を使ってくれ、私が、「昔、桑の木が海に……」と言いかけたとき、聞き耳たてていたらしい土地の人達は、「そりゃあ〝カドマリ〟じゃ」と口々に囁き、うなずきあっていた。

息を乱してかけめぐった岬は南であり、たずねたい浜は半島の西側だった。交通の便がないから止むを得ないにしても、私の肩はがくんと落ち、吐息が唇からもれかけたとき、

「あそこだよ、ちょっとほら」

の声がいっせいにあがって、指さされた窓にしがみつくと、くぐもった想いも吐息もいつしか消えていた。

運転手さんの好意なのだろう、バスはゆるゆると走る。気がついた客も私もそれぞれと窓をあける。はるかな先ではあったが、低い丘に囲まれた窪地の浜辺に、キラリと水面が光った。

〝カドマリ〟は神止り浜を略していうらしい。かつてこの半島の村々は、源頼朝が藤原氏を滅ぼし奥羽平定をなし遂げた文治五年（一一八九）家臣の葛西清重が、他の六郡の村を併せて与えられ、当時は諏訪ノ荘と呼ばれていた。その頃は名もない浜であったと思われる。

天正時代（一五七三―）葛西清重の家臣で、主人亡きあとを治めていた阿部四郎左衛門尉重の時代に、名もない浜近くの海底に桑が埋れ木となって沈んでいるのが発見された。

「唐の国の交易船が浜に漂着した」「いや、交易船は浜近くで沈み、積荷のなかの桑は、海底で長い年月根を張っていたに違いない」など取沙汰されて、桑は唐より海を渡ってきた物と、不思議のうちに珍らしがられた。

わが国では五世紀の末、「諸国に桑を植えるべし」との令が発せられ、六世紀頃より桑栽培の技術が中国より伝えられている。

八世紀の令は百姓の一戸ごとに、桑を育てることが義務づけられ、養蚕、桑植えは諸国に普及した。それまで山野に自生する桑に頼っていた人々は、桑は聖なる樹、神宿る樹、太陽昇る樹などの中国思想も培いながら、桑を栽培樹として育てるようになった。

観光客の訪れが年々多くなった唐桑半島

山桑も一〇メートル以上の大樹になれば、昔人は霊籠ると敬ったのであるから、唐の桑となればなおさら尊んだことは疑いない。

漁を業とする国を治めていても、阿部四郎左衛門は、中国思想に深い関心を寄せていたからこそ、その桑が領土のうち、それも思いがけない海中より現れたことは、ことのほかの喜びであったと思う。

地名を唐桑と改め、浜も桑止り浜と名づけた。神木である桑が止まっていたのが縮まって、カドマリになり、神止り浜になったらしい。

観光客の訪れが年々多くなった唐桑半島で、地名の珍らしさを気にかける人もほとんどなく、一本の桑の木が海に沈んでいたなどの伝えは、いずれ消えるかも知れない。現に「桑の木ではない」「なぜ唐船があの浜近くに漂着したのか」など、否定説もある。

私はあえて土地の人達に、「桑はあったか」と聞くことを控えた。話が伝わらなくなっても、唐桑の地名はこれからも永久に残るだろう。

一人の男性が尊きことと受け止め、それを信じて疑わなかった素朴な村人達の心情はうらやましい限りである。

気仙沼で「またおいでよ」と手を振る人達に、発車のベルが鳴るまで私は「ありがとう」を繰り返し頭を下げ続けた。

染殿神社

刈安はイネ科の多年草で春から夏にかけ、山や川原、草原に群がって生い茂る。

ススキによく似たこの草は刈り易いから、名づけられたといい、穂が出る秋までに刈り採って、葉、茎を煮出した液に布を浸すと、青味のかかった黄色が美しく染まるため黄染草とも呼ぶ。

染草としての刈安は天平古文書の中にもその名を連ねてはいるが、古代の衣服令では、黄なる色は黒色の上に置かれる低い位で、一般庶民というか百姓、無位無官の人々の衣服に用いられている。

わが国の古代人が衣服の色で尊卑を分け、身分を示す色をみだりに着用することを禁じたのは、推古天皇十一年（六〇三）の冠位十二階の制度からで、まず冠の色が定まり衣服も同色を身につけた。紫（徳）を上位に青（仁）、赤（礼）、黄（信）、白（義）、黒（智）の冠位と服色の制度は、孝徳天皇三年（六四七）十三階、同五年十九階、天智天皇三年（六六四）二十六階と改められる頃、白（義）が上位を占めるようになり、天武天皇十四年（六八五）冠が黒色に統一されてから、衣服による位色はより禁色が多くなっていった。

王族十二階、諸臣四十八階が文武天皇大宝元年（七〇一）三十階と定まるまで、下層階級は黄衣、黒衣と制限された色にくるまっていたのである。

元正女帝の養老二年（七一八）の律令には、白、黄丹《おうたん》、紫、蘇芳《すおう》、緋、紅、黄橡《つるばみ》、纁《そび》、葡萄《えびぞめ》、緑、紺、縹《はなだ》、桑《くわぞめ》、黄《きぞめ》、摺衣《すりぎぬ》、蓁《はりぞめ》、柴《しばぞめ》、橡墨《るつぼのすみぞめ》と位の色は序列が変わり、中国では尊く扱われるのに、

染殿神社は，なだらかに続く丘に囲まれている

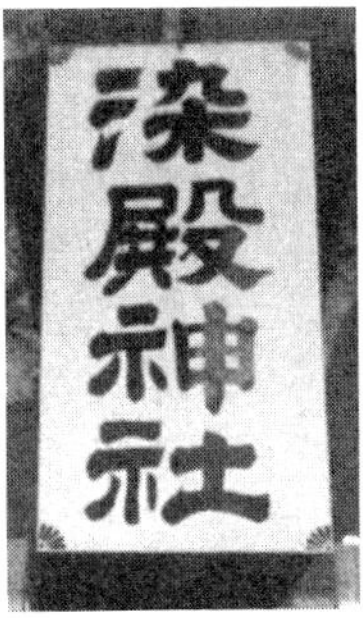

わが国では死を連想する色と遠ざけられていた黄色が、少し上の位になっている。

しかし当時の黄を染めたのは刈安ばかりではなく、染草は他にも八種ほどあった。刈安は黄染したのち藍をかけて緑、紅花をかけてあずき色となるから用途は多かったと思われる。

なだらかに続く丘に囲まれた宮城郡利府町の染殿神社は、街道に沿う丘の一つに、ひっそりと社《やしろ》を構えていた。

仙台と塩釜の間を東西に細長くのびる利府は、東北本線が海岸回りに切り替えられて以来、仙台から二つ目というまま、終着駅となってしまった。

その利府駅から東に向かって五キロほど車を走らせこの社に着いた私は、「あとで松島に出ますか」という運転手さんに、首を振って染殿神社の石段を踏み鳥居をくぐった。

誰ノ勧請ト申ス儀亦年月日共相知リ不申候、但、塩釜一ノ宮末社之内申伝候トモ、何神ヲ奉祭候哉、相知不申候事

社の創祀はこのように判らぬが、古代は赤沼大明神といい、水を治

める神とされたが、いつしか大戸辺命、大苦辺命の二柱が祀られて、二人の男神は社の下にある沼に茂る刈安をもって、布染めを司ったという伝えがある。

伝えはまた内容を変えて、染物は一人加わった女神が教えたという。

丘の上には本殿と収納庫のようなお堂に、苔むした石燈籠が建っている、境内から見下ろす沼は社の南に面し、思ったより広々と明るかった。

赤沼と呼ばれるのは鉄分を含む水をたたえるからと思われる。かつては樹木におおわれ、刈安が群がり茂ったであろう沼の真中に、大きな機械が据えられている。

聞けば三陸と国道六号線をつなぐ自動車道の工事が、ここまで進行していて、間もなく開通するという。

「また利府の里が姿を変えますね。何神を奉ずるか知り申さず候」と言いつつ、里人が敬いきた神々に私は語りかけた。

社の両側がやがて道になる。車が激しく通いあうであろう。これも時代の流れです。昔、利府をトフと読んでいた頃は、国府の政治を取りしきる里だったというから、「賑やかに人が集まった里を、車が賑やかに通りますね」と。

利府の地名に由来があるように、赤沼の名にも起こりがあり、女神の現れた時代に遡る。

往古一人之婦女行者、当村ニテ宿ヲ乞申候処、身ニハ錦繍ヲマトイ宝冠ヲイタダキ、アヤシキ姿ハアマリノ荘厳サデ、ドコノ家々モ不審をイダキ、一夜ノ宿ヲカス者無之候、シカモ産ノキザシ有之、軒ノ下ナリトモ借リ申度シト、イロイロ申候得共、奇怪ノ女ニ候故、宿貸ス者無御座候、アル憐憫ノ年老イタル夫婦者ノ教ニヨリ、依而当村之内、「経塚」ト申ス所ニ而安産仕リ、産穢之衣類コトゴトク沼水ニテ、洗イ清メ申候ニツキ、血ニ染マリシ水モ赤ク罷成候故、ソノ沼ヲ「赤沼」ト名付候ヲ、村名ト称シ来り候由ニ御座候事

『安永風土記』はこれだけを綴る。その後に地名の由来と歴史を照らし合わせて考えた知恵者があったのか、文徳天皇仁寿二年（八五二）二月と時代をあてはめている。

旅の女性も当時、都で摂政左大臣であった藤原良房の娘で、染殿姫といい、わけあって都をのがれこの地にたどり着き、女の子を産んだが、姫は文徳天皇の后で清和天皇の母君であった。

姫はしばらくこの里で暮らすうちに、里の娘達を集め沼のほとりに茂る刈安で、布を染め衣服を作ることを教えた。

やがて姫は都に帰ったが、いろいろなことを教わった里人達は、その徳を慕い住居跡に、染殿という社を建て神とたたえた。姫はただ都をのがれ来たのではなく、天皇に代わって陸奥を視察中であったなどと伝え、意外な展開のうちに結ばれる。

伝わる話に首をかしげたり、ツバを飲みこんでも、詮議を今さらすることもあるまい。口から口にと申し送られる話のつじつまが、あうはずはないのだから。

それよりもこの里に一人の女性が現れ、草を採って豊かな沼の水を使って、美しい布を染めることを教えた。その技は多くの人、特に娘達が喜んだと思えばいい。

布を染めた池

鉄分を含む沼水はより布の色を冴え冴えと、染めあげさせたであろう。沼をめぐる樹木からは、山マユも採れたかも知れぬ。

染殿大明神と名を改めた神を崇めた里人は、元禄十四年辛巳（一七〇一）七月に、鐘楼を一宇建立、陰暦三月二十四日を祭日と定めた。

寛保年代（一七四一—）仙台五代藩主吉村公は、松島の瑞巌寺参詣の途中、この社のことを問われ家臣が答える由来を聞き、若干の黄金を寄進されたという。

喜んだ里人はそれによって社を立派に改築し、祭礼も欠かさなかったが、明治維新の折、松島に上陸した官軍にさまざまな思惑のあった奥羽諸藩のため染殿神社は要害地となり、本殿のみならず、建物のすべては破壊されてしまった。

明治五年（一八七二）ようやく本殿と神輿堂が再建され、四年ぶりに祭礼が行われたその年に、社は村社の格を与えられた。

染殿神社は大正十一年十一月一日宮城県より、神社維持を許可されている。明治二十九年の勅令で維持方法を村民と計り、規定の基金額が集まったからで、長い歳月をかけても村人達は、この社を失いたくはなかったのだろう。染殿神社の今日あるは利府の村人達の信仰心によると、私はしみじみ思う。

刈安を染草として用いなくなった時代、染めを司った神々は村人の願いの中で、五穀豊穣をもたらし村を守る新しい職能を持たれたのである。

利府はいま長十郎梨がたわわに実る里として名高い。

私はここで機を織り染草採って、布を黄に染め上げる女にひととき化身しよう。幻の布を抱えて、「さあ、沼で早く晒さなければ」と、石段をかけ下りる足は軽かったが、沼のほとりに枯れ果てる刈安のひと群れは、私を現実の世界に引き戻す。

そういう時代があったというだけで、いいのではないかと……。

伊達御供

仙台に染師の町が出来たのは、元和年代（一六一五―）前後といわれる。

藩主伊達政宗公が居城を移すたび従う染師達は、伊達御供と呼ばれていた。仙台で彼等は広瀬川に西、北、東の三方を囲まれた経ヶ峰の近くで仕事を始めていたが、政宗公の跡を継いだ忠宗公に、七郷堀上流へと土地替えが命じられた。

政宗公の霊屋瑞鳳殿が経ヶ峰に建立されるからで、藩主の墓参にくる人々に、半裸にちかい仕事姿を見せないための計らいであったともいわれている。

移住地の染師は六軒で、後に居住した十一軒を加え、武士階級の染めをする職人は上染師町に住み、足軽、雑兵の物を染める職人は、南染師町にと別れた。

染師の守り本尊，愛染明王堂

上染師町では絹も木綿も染めたが、藩主自ら粗服なので絹染めは女性達のきものの裏地を当初は染めていたという。南染師町は木綿の藍染めがほとんどで、藍は秋田や、名取から取り寄せていた。型染めには会津の型紙が使われたという。

〝染師御免判〟の御墨付を与えられた慶安二年（一六四九）から、南染師町の染師達は、他の染屋は税を納めなければ営業させないというほどの力を持つようになった。

京都三条より染師の守り本尊として、愛染明王の分霊を迎えたのは寛文四年（一六六四）で、南染師町にお堂も建立され、堀にかかる橋にも愛染橋の名が残っている。

藍色の水が流れるようになった七郷堀は、いつしか藍染川と呼ばれたが、いまは澱んだ水が浅く流れる。明治まで、別当の法師達が白衣に身を包み、長い木札に水を掛け経文を唱えながら、水責めすると藍の色がよくなるなどの祭礼をしのぶことすら叶わない。

愛染堂は現在、近くのお年寄りや幼な子達の遊び場となり、外観は昔の面影を残していないが、堂守さんに許されて拝した愛染明王像は、藍を染めた町や人達の想いをよみがえらせてくれる。

製作年代など私に判るはずはないが、像は年月を経た重みを思わせる。憤怒の相は旅する女に、強い力を与えて下さるようだ。

お顔を仰いでいるうちに、藍染め盛んな時代へ遡った私は、お堂が建って愛染明王を迎える伊達御供衆の喜びざわめく世界にまで誘いこまれていた。

哀感秘めた振袖地蔵

七ヶ宿街道を辿る

「一里一尺ずつ深うなる……」

これは奥州山中七ヶ宿《しちがしゅく》に降る雪の量をいう。

上戸沢、下戸沢、渡瀬《わたらせ》、関、滑津《なめつ》、峠田、湯原《ゆのはら》の七つの宿場があることから、七ヶ宿の地名がおきたこの里うちは藩政時代東日本と裏日本を結ぶ、街道筋として栄えていた。

寛永十二年（一六三五）徳川家光が定めた、参勤交代制度により出羽十三国の大名達が、この街道を上り下りしたのである。

秋田、山形から金山峠を越す、高畠方面からは二井宿峠を越え、ともに湯原から七ヶ宿に入り、関の本陣滑津の脇本陣で一泊し、上戸沢から小坂峠を経て桑折《こおり》に出るのが、大名行列の道程であった。

しかし街道は出羽三山への信仰道でもあり、置賜地方が天領となった寛文年間（一六六一—）から、年貢米が江戸に運ばれる道ともなって、おびただしい人や荷馬で賑わい、宿場も栄えに栄えたという。

その七ヶ宿へは東北本線白石駅から、宮城交通バスに一時間少々乗れば、宿場の真中にある関に着く。

白石の町を通り抜けたバスは、雨に煙り始めた山々を、ゆるゆるとかきわけ進んでゆく。道が上りに向かうからであるが、もう幾つ山坂を越したのだろう。

激しくなった雨足は窓に音をたてて叩《たた》きつけ、谷川の音を消し、四方の山をぐっとせまらす。くぐもってしまった窓に線をひく雨の雫は、江戸時代ここを通った大名行列がもし、このような日に出逢っていたら、さぞ難儀をしたのではないかと私の想いを江戸の昔に誘う。

クスン、クスンと、どこかですすり泣く人があるようで、想いを中断した私はその声が、同行したお嬢さんだとようやく気がついた。

「いったいどこまで行くのです」

「家はあるのですか」

「あと何時間乗るのですか」

染色を学ぶ彼女は、人里離れた旅と承知していても、深い山々の中を雨に打たれながら進むバスが山に吸い込まれてしまうようで、心細くなったらしい。

七ヶ宿にはもう入っているし、関から車で十分ほどの横川に、町役場の厚意で宿を予約してあるという説明よりも、江戸の昔に戻らねばならぬ私は「少し眠りなさい」とだけ言いおいた。

江戸時代というものの確かな年代は判らないが、参勤交代で郷里に帰る秋田のお殿様が、七ヶ宿の滑津近くを通りかかった。

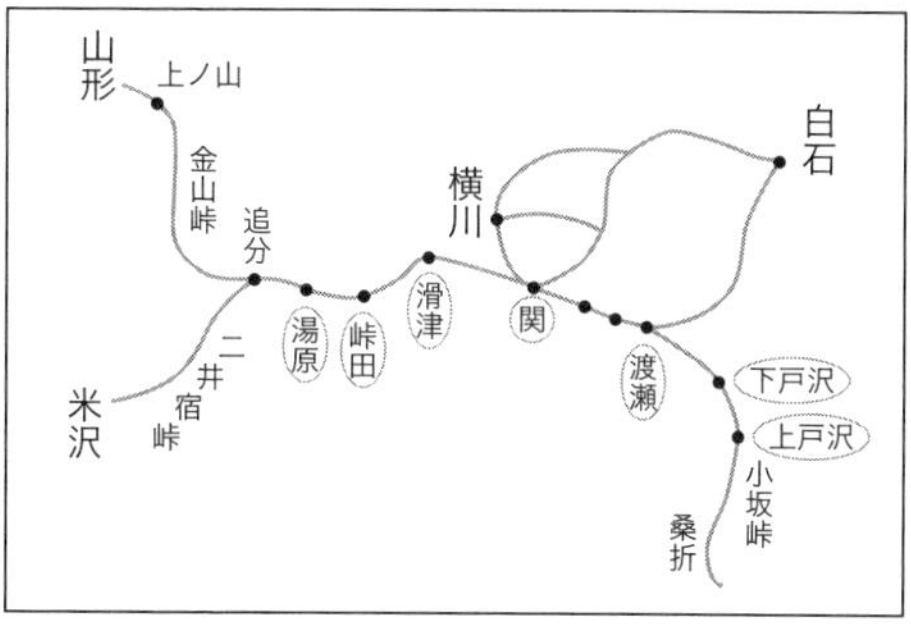

滑津周辺道路図

宿場の人達はどの大名行列でも、道で出会えば土下座して見送るのが慣わしであり、そのときも村の人々は、「秋田の佐竹様だ」と言いつつ、行列の過ぎるのを、道端にうずくまって待った。その中に一人の美しい娘がいるのを藩主は見かけた。

参勤交代は大名達の事情から、三年おきと改まっているので、国に帰れば江戸出府は四年目となる。

その日まで娘の面影を秘めていたお殿様は、江戸に向かう行列が七ヶ宿に入る頃、家臣に娘の息災をたずねた。藩主の願いを察した家臣は七つの宿場を一戸一戸たずね歩いたが、娘を知る者は誰一人なかった。

宿場の名主はとうとう思い余ってこう告げた。

「十六、七年前この村に大飢饉がございました。そのとき生まれた男の子は育って居りますが、女の子は皆生命を失なわねばならなかったのです。よしんば成人していたとしても、飢えるか患って世を去っているかも知れませんし、また貧しいゆうて、家や親を助けるために売られて行くその道中で見かけられたのではございませんでしょうか。おたずねの年頃の娘は、この在に一人もいないのでございます」

現世であれ幻であれ、娘の姿を藩主が見た滑津に、地蔵菩薩が建立

小さな鳥居の奥に小さな祠がある稲荷社

された。等身大の石仏に振袖を着せて刻めと命じたのは、秋田の藩主であったという……。
享保二十年（一七三五）の銘がある地蔵菩薩を、七ヶ宿を行き通う人々や里人達が、いつしか振袖地蔵と呼ぶようになった。
そのお地蔵様に会いたくて私は、七ヶ宿の山中にわけ入ったのである。

養蚕で栄えた横川

宿場から逸れた奥深い集落横川の宿は、何十代も家系が続く旧家で、昔は養蚕もされていたらしい。

七つの宿場は大名行列の街道御用という仕事があって、三年に一度実るという田畑での生活を補っていたため、蚕飼《こがい》どころではなかったが、ここ横川は街道稼ぎの仕事がない代わりに養蚕が盛んで、構えの大きい家々が並んでいる。

まだ一軒蚕飼する家で、私は昔話を色々と聞くことが出来た。

横川の家では庭うちにそれぞれの屋敷神を祀る。私が宿とした家も、裏庭の森に先祖が山形から奉じてこられたという稲荷神が祀られ、小ぶりの鳥居の奥に小さな祠《ほこら》がある。おそらく養蚕信仰と五穀豊穣を先

七ヶ宿の横川で蚕を飼う家は
もはや一軒だけ

祖代々願ってこられたのだろう。

マユから生糸に紡いで仲買人の買い付けを待ち、残りを自家用にするようになったのは、時代がずっと新しくなってからで、絹物を着るのは晴着だけであった。

常着や仕事着は、山形からの木綿糸や、綿織物がほとんどで、木綿以前となるとミヤマイラクサ、マダ、アオソとさまざまな草皮、樹皮を糸として布を織り出している。

大正時代まで横川の人が身につけていた布に、アイコ織りがある。

春五月、山野に根元の赤いミヤマイラクサが一尺くらい刺をつけたつるを張りのばす。葉の柔いうちに茹でておひたしや胡麻和《あ》えにして食べるが、初霜の降りる十月中旬から十一月上旬に、三尺ほどのびたつるを刈りとる。

台に載せ腰のある薄い板で皮をはぎ天日にあて、冬籠りの間に束ねてしまっておいた皮を細く裂いて糸にし、撚りをかけ織って布にするが、冷んやりと肌に馴染む夏衣裳や下着になったという。

帷子《かたびら》夜着に紋をつけ身分ある人の宿泊用とした家もあったというアイコ織りの、せめて布端でも見たいと思ったが、明治二十年代にたいていの家が糸もとらなくなり、布織りが木綿と変わっていったため、

江戸時代の歴史をとどめる
滑津の脇本陣

私の願いは叶わなかった。

青麻《あおそ》も七ヶ宿に慶応二年（一八六六）生まれの人が、山形から養子入りしたとき伝えたといわれている。

手入れをすれば四尺から五尺に畑で育ち、一晩水に浸してむいた皮を糸に裂くアオソは、アイコより長い糸となることが喜ばれ、晴着、常着、蒲団がわ、蚊帳《かや》など作るほど盛んに織られたが、やはり明治の中頃までで、織る人も着る人もなくなった。

滑津宿で振袖地蔵に出会う

昔話を聞き町史を読みふけった翌朝、七ヶ宿教育委員会の高橋さんに伴われ、関から一里八丁四十間離れた滑津宿に向かう。

慶長八年（一六〇三）肝入りとなった桜井家と享和元年（一八〇一）頃から肝入りを仰せつかったという安藤家の二軒の江戸時代の歴史を滑津の脇本陣でいまも、軒唐破風の玄関と、茅葺きの屋根に安藤家がとどめていた。

脇本陣の前の家で何か話し込んでいた高橋さんが手招きをする。写真を撮り終え私達は、思いがけず脇本陣を眺めながらお茶を御馳走になることになった。「遠い所をようこそ」「さあさあこれも食べてみなさい」「そら、これはお口にあうかな」。よき人達に囲まれて街道の昔話はつきなかった。

秋田藩　二十万六千石
庄内藩　十四万七千石
弘前藩　十万石
松山藩　二万五千石
本庄藩　二万石
山形藩　六万石
天童藩　二万石
新庄藩　六万八千石
亀田藩　二万石
上山藩　三万石
黒石藩　一万石
長瀞藩　一万二千石
矢島藩　一万石

これら十三藩の大名達が、大藩小藩にかかわらず、この宿場を通っている。

秋田のように大藩の供揃えは数百人、小藩でも百人近い家臣の道中はどんな様子だったろう。列を組む人達も迎える宿場の人達いずれも大変だったに違いない。

けれど江戸の文化もこの宿場にもたらされたのではないか、その想いは、「それが何も残っていないんだよ」と、奥さんは気の毒そうに私を慰める。

高橋さんがそれをこう付け足した。「ここらは三年に一度の実りといって作物の取れ高も限られ、少ない耕作地しかないから、いつも生活に追われたため文化が受け止められなかったのでは」というのだ。

七ヶ宿のためと案内を引き受けて下さった高橋さんの説明は、私の意を汲みとってよどみがない。宿場からひと走りして滑津の集落はずれに出ると、街道沿いに大きな杉の木があり、その大木を背にした石仏が見え出す。

「これが振袖地蔵です」

高橋さんに促されて仰ぐ地蔵菩薩は、赤い帽子とよだれ掛けをつけ、すらりと美しい姿で東を向き、右手に花を抱えておいでになる。

伝わる話を素直に受け止めれば、木立ちの緑に映えるお姿は、幸せ薄く世を去った娘に似せたお地蔵様とうなずけるが、私はふと法衣史の江戸期の項をよぎらせてしまった。

「関にも西向きに建てられた地蔵菩薩がもう一つあり、それは振袖地蔵と夫婦だといわれてます。行って見ますか」と、親切な高橋さんは言って下さるが、私はただ礼をのべつつ、日本における地蔵信仰の深さをしみじみ感じていた。

奈良、平安時代中国から貴族社会に伝わった地蔵菩薩は、鎌倉時代になって庶民の間に広まり、江戸時代には地の根のように、全国いたる所で信仰されている。

宗派のこだわりがないこと、死せる者を救い、生きている者を守り助ける現世利益のあらたかさは、

赤い帽子とよだれ掛け，右手に花を抱える振袖地蔵

おびただしい数に刻まれ、童形の姿に願いの名称がつき、人の心を和ませている。それを廻り歩いた国々で見てきたが、すべて衣の袖裾長くまとう法衣姿であった。

法衣とは袖が二幅からなり、袖幅は二尺となる。袖丈は二尺五寸から七寸くらいと、振袖地蔵が建立された年代には定まっているはずである。

それをまとえば自然に袖は裾に長く、柔らかな線を肩から描くように流れる。

同行者の、「これ本当に振袖ですか」の言葉を目で制し、この法衣姿を振袖とみた当時の人々、特に女心がせつなくてならない。私は決して伝わる話の云々を言うのではない。

一年の半分を雪に埋もれて暮らす山中で、女性達は常に五寸から八寸の短袖《みじかそで》を着た。少し長い元禄袖は襷《たすき》をかけて働き着となった。花嫁となる日だけ、一尺五寸ほどの袂袖を晴れがましく着たと思う。

口から口に伝わった地蔵菩薩建立の施主も、以前は庄内藩主であったが、いつしか秋田藩主と改められている。

藩主はどちらでもいいが建てられた年代は、享保の改革が始まっている。

衣服の華やかさは禁じられ、各地で百姓一揆もおきている。この宿場も口減らしや、家を救い親を助けるため他国に売られてゆく娘達の哀しみ、育てられぬ詫を心に秘め生まれきた子の生命を、鬼となって散らした母の嘆きが、山あいや街道に籠っていたのではなかろうか。

藩主の建立祈願もそれを知って、多くの人の心を救うことが出来ればと、善根を施されたと思えなくもない。

二百五十年の歳月は、地蔵菩薩に風雪と苔の衣を重ね着させたが、建立当初はさぞかし美しかったであろう。

家を離れゆく娘も、愛しい子を土に帰した母親も、衣の裾にすがって泣いたのではないか。またある日はこうも思ったような気がする。「長い袂が着たかった、着せてやりたかった」と……。

それとも街道御用や荷駄稼ぎの間に、身分の高い女性や裕福な旅人のきもの姿を目にしていて、「お地蔵様がよう似たきものを着ていなさる」と思ったのか。

または「滑津の宿《しゅく》はずれにおられる美しいお地蔵様が、道中を守って下さる、有難いことや、お礼詣りをせんならん」などの噂話が、「美しい娘のようだ、振袖を着た娘のようだ」と言い出され、庄内や秋田藩主の悲恋物語に落ち着いたのかも知れない。

「美しいなぁ。これが振袖というものやろか。長いお袂《たも》やなぁ……」

囁きあう女達の声が振袖地蔵の名をつけて差しあげたのですね。それにしても一人勝手に伝え話をかきまぜました。ごめんなさい。許して下さい。

私は手を合わせ、「お地蔵様のお顔はやっぱりいいなぁ」と見上げるうちに、藩主のお顔を重ねて、あわてて打ち消した。考え過ぎるのはいけないと。

優しい目はそんな私を静かにさとし、想う者の心まかせにすればよいと、たしなめるように見下ろしておいでになる。

まもなく、七ヶ宿も装い新たに

高橋さんは、「ついでだから」と、とうとう湯原宿から県境まで車をとばし、私は山形との境界線の土を踏み、ここから半月かけて江戸に上る長旅に昔人がしたような心構えをひしひしと味わった。一人でいたら泣き出すような、険しい山々に囲まれた県境に、私達三人はしばらく立ちつくした。

参勤交代はこの道ばかりでなく、山形からは笹谷峠が仙台に近かったが、九〇〇メートルを越す高さの上に険しいため、数百メートルの二井宿峠や金山峠が利用されたらしい。

七ヶ宿では上戸沢と湯原に百人もの大番組士が横目として任命され、警備にあたる番所が仙台藩によって置かれたが、明治二年（一八六九）廃止されている。

番所は人の出入りにだけ目を光らせていたのではなく、産物の輸入、移出に対して、税を取り立てることも大切な任務であった。

白石からバスに乗ったため私達は下戸沢から、七ヶ宿に入ったらしい。上戸沢の番所は知らないが、湯原番所を通過した。衣服に関わる産物は綿、紬《つむぎ》、麻、紙、紙子《かみこ》、紙布《しふ》、紫、藍などであった。

七ヶ宿街道は参勤交代が終っても街道稼ぎの荷駄、馬方、商人などや信心詣りの人が、宿場を栄えさせていた。ところが、明治三十二年（一八九九）、奥羽本線開通によって寂しい宿場となってしまった。

しかし七ヶ宿に昔の賑わいがもうすぐ戻るだろう。スキー場が完成しダム工事も間もなく終り、宿場は装いを新たにする。でも、七ヶ宿街道に集まる若者達は、振袖地蔵のもとで足を止めてくれるだろうか……。

紙と養蚕で栄えた白石

以紙為衣裳

永延二年（九八八）日本の文献に現れる紙衣は、カミキヌと呼ばれて仏教と共に伝わり、仏僧達の衣服とされた。

学名をカジキノという楮《こうぞ》から紙に漉かれ、紙衣作りは女手を煩わさず、憎達が自ら手掛けるものとされたのも、修行の一つであったと思われる。

奈良東大寺二月堂におけるお水取りの修二会《しゅうにえ》では、平安朝以来、生《き》なりの白い紙衣を身にまとって臨むことが、連綿と今日まで守りぬかれている。

鎌倉時代を経て室町末期になると戦国武将達が、陣羽織、胴服、防寒着に、好んで柿渋塗りの紙衣の裏に絹をつけ、袖口、襟、裾に金襴や緞子《どんす》を飾りとしてあしらう豪華なものを愛用した。

上杉謙信（一五三〇―七八）の紙衣胴服は、米沢の上杉神社に蔵されているし、伊達政宗は慶長元年（一五九六）豊臣秀吉から、褒賞として紙衣を与えられている。

前田利家は新年に家臣が出仕する衣服を紙衣と定め、土佐の山内家では六代藩主の時代まで、家臣は紙衣と木綿を着ていた。

紙子の全盛時代

紙衣が上流階級から庶民にゆき渡るようになるのは、徳川政権が安定する江戸中期からで、紙布《しふ》という種類が加わったこともあって、呼名も紙子《かみこ》という親しみのこもるものとなっている。

江戸時代紙子は肥後八代、八女、安芸、広島、播磨、土佐、伊予、紀州花井《けい》、根来《ねごろ》、新宮、大阪、大和、京、越前、美濃、駿河、安部川、奥州白石で生産されていた。

その国々の中で白石産仙台紙子の名が、江戸、京、大阪に高くなっていったのは、白石藩主片倉氏が紙子生産に尽力し、保護と奨励を惜しまなかったお陰である。

紙漉きの工程で原料を縦に流し、次に横に流す十文字漉きの紙を使用する紙子は足で踏み、指から血がにじむほど揉《も》むと、ふんわり柔らかくなるため、昔は〝もみこ〟という人もあったという。

布地のように一反の長さに整えた紙は着物と同じ仕立てをするが、裏地は絹や木綿をつけた。まるで皮を縫うように針が曲がり指が痛くなるほど手間がかかるが、風を通さず暖かく軽いし、かさばらず値が安いという特徴があった。

反対に欠点は裂け易い、洗濯が出来ない、カサカサ、ゴソゴソ音がすることである。

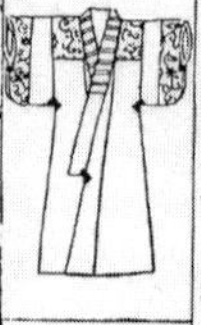

△按帷衣披衣不帯也官女至庶人婦女出外被草衣於頭其長等身而不顕面貌也以練絹或布染色紋無定不禮服故入貴家中門脱去之

紙衣《かみこ》

加美古 紙衣之訓下畧也

△按紙衣奥州白石駿州安部川紀州華井摂州大坂出之華井紙衣特佳造之用莨蒻根洗浄煮熟剉擣心易徹為度冷定剥去皮擂之成糊以績厚紙塗柹漆晒乾足踏手揉軟用下夜露宿則去柹漆之臭或不加柹漆作亦可

紙布《ちふ》

△按紙布織紙如線而織出於奥州白石人以為襪

紙子（『和漢三才図会』より）

僧侶の衣服や帯は白地のままコンニャク糊で補強した紙であったが、その他は、柿渋塗り、草木の無地染めや絞り染めにしたり、文様が版染めされた。

用途は羽織、合羽、袖無、胴着、小袖、広袖、袷《あわせ》着物、綿入、帯、頭巾、足袋、座布団、夜具、刀袋、紙帳《しちょう》であった。

京都の紙屋が江戸時代扱った紙子の品質は、白縮緬《ちりめん》、紋縮緬、白綸子《りんず》、羽二重、小紋、渋小紋、更紗《さらさ》、浅黄、花太《はなだ》とこれまた多い。

俳人松尾芭蕉が奥の細道をたどる旅に出たのは、元禄十五年（一七〇二）で、その旅仕度の中には「紙子一枚は夜の防ぎ……」として渋塗りの紙子が入っている。

東北の旅が三年越しとなり、風が冷たくなる季節になるたび、私は紙子一枚を旅荷に加えた芭蕉をよく思い出した。

浪花の医師が正徳二年（一七一二）著した、『和漢三才図会』に記された奥州白石産紙子の図は、袖口、肩、襟に布を当て、袖付、衿下などの裂けやすい部分には、

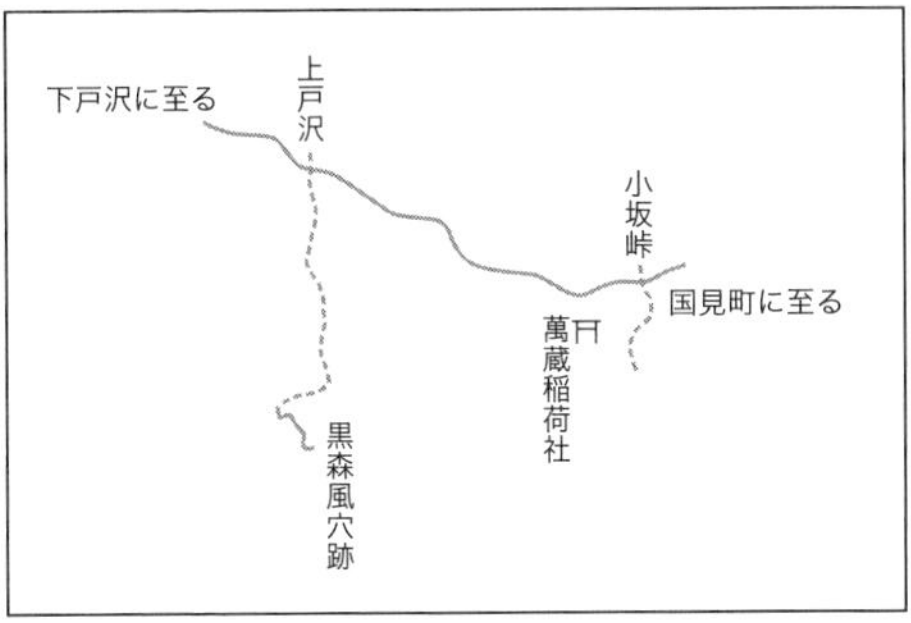

関連道路図

〃火打ち〃という三角形の布をつけている。

貴人に愛された紙布織

白石では一枚漉きの紙を三十三枚つないで一反としているが、これはもっぱら庶民用であって、ココリや元結《もとゆい》から工夫が重なったと思われる紙布《しふ》は、夏着物の礼服、裃《かみしも》、袴と上等品から、浴衣、袋物、蚊帳《かや》、夜具が作られ、貴人用とされた。

紙布は紙を裁つ、揉む、糸積《う》み、撚掛《よりか》け、染色の手順で糸が作られ、機織り、布揉み、布練り、布晒しという工程で仕上げられ、白石の武士達は家内揃って、この紙布織りの内職に励んだ。

縦にだけ流し漉く紙布織の紙は、一尺二分、一尺三寸八分を縦横とする紙百枚分の重量を、着物地一枚分の緯《よこ》糸にする。

四つ折にして細く裁った紙に湿《しめ》りを与えて、石の上で紙を揉んで糸に積み撚りをかけ、先染めして織ったり、後染めがされるが、経緯《たてよこ》とも紙糸で織るものを諸紙布、経《たて》に絹、木綿糸をかけ緯《よこ》を紙糸で織る絹紙布、綿紙布があった。

伊達家では平織、雲斎織、縮緬、紋織、絽などと高度な技術で織り出される織布を、年に六十反も買い上げ、諸国の大名への進物にして

白石の和紙づくりの光景

いる。

木綿糸を買って織る自家用は地布とか地織というが、白石家中ではこれを手前織といって、現金収入になる紙布織と区別していた。

奥州の浄るり聞かん紙子売り

この句は白石の紙子や紙布を持って売りにくる商人や、それを待つ江戸っ子の様子をありありと浮かばせる。

僧侶から武将、武士、茶人、俳人、芸人と紙衣を着る人々の世界は広がり、やがて貧しい者の着る物と、嗜好が混沌となる時期も入れて、紙子と紙布は、「粋《いき》だ通《つう》だで着るのではない、わび、さびの風雅を身に添わせる衣の極致なるものよ」とまで評された。

白石藩の家臣達が明治維新によって、ほとんど北海道に移住したため、藩主の保護も失われ、藩を通じていた商いも薄れてしまった。特に織り手がなくなれば衰えは急激になる。

明治初年にはそれでも十数戸が織りつないだが、大正時代には技法を伝える人もなくなってしまった。

昭和三十年設立された研究所では白石の伝統工芸品として紙子がよ

みがえったが、紙はただ一軒で手漉きされているのみである。

息を潜めたような静かさは機音絶えて以来かと、川の流れに奥まる武家屋敷の家並みに、「せつないなぁ」と想いを勝手に押しつけ、私はこの道を何度歩いたことだろう。

萬蔵稲荷と風穴の絵馬

「どうしても行って見たい」

「無理ですよ」

「山道には馴れてます」

「簡単に登れませんよ、駄目です」

「それなら近くまで連れていって下さい、一人で行きます」

「とんでもない、やっぱりどう考えても駄目です」

小雨降る白石蔵王駅まで出迎えて下さった七ヶ宿の高橋さんとは、半年振りの再会そうそうに、「行きたい」、「駄目です」が挨拶代わりとなった。

のべ数十キロの七ヶ宿街道を行きつ戻りつしてお世話をかけたうえ、また、迷惑を重ねる私に厭な顔も見せず、高橋さんの車は、白石市小原町上戸沢に向かう。

昨年七ヶ宿を訪れた折、蚕種貯蔵に利用された風穴と、当時の様子を描いた絵馬が奉納された萬蔵稲荷社も、上戸沢にあると教えられ、私はその二つに、心を残して帰ったのである。

黒森山の風穴

風穴とは夏季低温な風を天然に吹き出す深い穴で、山腹によく見られる。わが国では富士山に多く、百余りの数があり、信州では寛政年間（一七八九―）頃より、農民達が漬物、酒、魚類の貯蔵場所として利用していたが慶応三年（一八六七）に蚕種貯蔵が試みられている。

風穴の出来る原因は、火山の溶岩が斜面を流れ下るに従い、その表面は冷却して固まるが、内部はまだ流動していてさらに流下するので、その抜けた部分が、周囲を岩石とする深い穴となって残るのであって、中は氷がある穴もあるほど、冷たく涼しいと辞典は記す。

蚕種は風穴の入口に小屋を作り、適当な棚を組んで箱に入れて貯蔵すると、低温のため孵化期が抑制され、夏蚕《なつご》、秋蚕《あきご》の飼育が容易に出来るようになったのである。

白石には風穴内での蚕種育成が、どのようにされたか具体的な記録はないが、明治十三年上戸沢の古山長吉という人が、黒森山の風穴を発見し、蚕種貯蔵に成功している。

彼は風穴の利用を偶然思いついたのではなく、村内付近の山野を調べ歩いたというから、信州の話を洩れ聞いていたのかも知れない。

黒森山の北陰に天然の風穴を見出した古山長吉は、その穴口で蚕種貯蔵を始め、明治四十年には貯蔵小屋を六棟に増やし、その成果を絵馬に描き、村内の萬蔵稲荷社に奉納している。

「あのあたり」と指さされた風穴は、ダム工事を見下ろす小高い街道から目の前のようでも、やはり遠い。

蚕種育成に使われた風穴

思えば先回も「風穴に行きたい、見たい」とせがんだ覚えがあり、その時も高橋さんは頑として聞き入れず、車をとばしてこのあたりを走り過ぎた。高橋さんが頑固なのではなく、年齢もかえりみない私をおもんぱかっての配慮からと承知して、あの時は横目で眺めていたのではあったが……。

まだくすぶる私の心を察したのか高橋さんは、現在貯蔵小屋を連ねた跡はなく石垣のみが残されていて、ここ何年の間、人の通わぬ場所となっていると説明し、彼の考えをつけ足した。

「長靴が必要です、着物も破れるかも知れません、長虫や獣がいると思う、それより山道をよく知っている人の案内でなければ」と。

息子のような高橋さんになだめすかされて、私はとうとう決心をひるがえした。行くとすればけもの道をたどらねばなるまい。

「判りました。無理をいってすみません。ここからで十分です」

着物の裾がはためくほど舞う風に、小雨が混じる街道の、見晴し台となっている端に立ちつくす私に、慰める言葉を失って、付き合ってくれていた彼は、暫くして思いがけないことを言い出した。

「今夜はお泊めするようにと、母や妻が言って、待ってます」

風のような旅をする私に再び出会いの縁を持つことすら、不思議なめぐりあわせであり、世話をかけ放題で面映ゆいのに、これ以上の好意を受けては罰があたろう。ようやくお断りする言葉を見つけた旅の女は、急いで顔を雨にさらさねばならない。涙を善なる人に悟られぬために……。

「残念がりますよ」と言いつつ、高橋さんは萬蔵稲荷に急ぐ。

蚕豊穣を願いつつ……萬蔵稲荷

上戸沢から三十分ほどの稲荷社は大きな一の鳥居の先を、小さな赤い鳥居をトンネルのように立ち並ばせ、参詣者に馬頭山の山裾めぐりをさせる。

勧請年月不詳という稲荷社は、かつて萬蔵稲荷大明神と称したが、これは現在も、社《やしろ》を守られる熊谷家の初代の萬蔵なる人にかかわる由来からという。

小坂峠を中心に馬方をしていた萬蔵は、ある日峠の頂上で旅疲れの老憎に食を求められた。憎を馬に乗せ家に連れ帰り、心よりもてなした翌朝、憎の姿は消えていた。

萬蔵がその日も峠にさしかかると突然、馬のいななきが聞え、現れた馬の傍に昨夜の憎が立っている。

憎は稲荷大明神の化身と告げ、世話になった札として馬三頭を与えた。萬蔵は、その馬を売って稲荷社を建て、自らも修業に入り出羽三山から大阿闍梨《だいあじゃり》金剛院の院号を受け、後に即身仏になったと伝わる。

社の祭神は五穀豊穣を司る、宇迦能御魂命《うかのみたまのみこと》の他に十七柱を祀り、明治二年萬蔵稲荷社と改めた。

明治四十二年熊野神社を初め、村内十社が合祀され村社となった。

宇迦能御魂命のお使いである狐が現在も生きて、この社に住んでいるそうで、養蚕盛んな時代から今日に至るまで、蚕豊穣を祈り願う人々の参詣はひきもきらず、皆、神々とお狐さんに手を合わせる。

この近在の村々は蚕飼《こがい》する家々が多く、マユが上がると人々はマユ形の団子を作り、萬蔵稲荷に供えてから手伝いの人や近所へ、重箱に入れてその団子を配り歩く。

すると貰う方は、「張りがいいでねえの」「重いなあ」「大きいなあ」「ふくらみがいい」など返し言葉を必ず用意して受け取り、「高く買うから」と言いつつ、「千両だ、いや万両で買った」と礼言葉を添え、重箱に少々の銭を入れて返すのを慣わしとしていたという。

養蚕家の少なくなった現在、マユ団子を供える人は、まだいるのだろうか、供える団子の数も減り、習慣もだんだん薄れてゆくように思われる。

養蚕の全盛時代

白石周辺の養蚕、生糸産業の歴史は思ったより年月が浅く、安政六年（一八五九）の開港以来芽生えた記録が残る。

文久三年（一八六三）仙台藩の調書によれば、この地方の大産物に生糸が加わり、入金一千六百六十七両の数字が見られるが、紙類入金四千九百五十二両にはとても及ばず、藩をあげての紙生産の状況が、なるほどと思わせる。

しかし第一に大切と考えられていたのは米生産で、元治元年（一八六四）に、「水田に桑を植える

頬被りした萬蔵稲荷のお狐さん

ことは米作りを初め、五穀をなおざりにすることで、代わりに養蚕をするのはもってのほか」とし、「遊び田に桑を植えるのはいいが、水田、畑には決して植えては相ならぬ」と達しが出ている。

現金収入に走る農民達が米を納めなくなると恐れた政策と思われるが、慶応三年（一八六七）になると、「生糸を他国に持ち出してはならぬ、領内の相場で取引せよ」と、養蚕から生糸にする産業の価値は少しずつ認められて高くなりだした。

明治維新後生糸の輸出を最大の目的とした政府は、国をあげて養蚕業を奨励するので、養蚕王国山形と福島に隣りあう白石周辺は、蚕飼に条件のよい風土であったことも幸いして生糸生産も盛大になってゆく。

郷土史の一節によれば白石付近の養蚕、生糸生産は極貧の農民達が最も有利な副業としたから栄えたのであるといい、それには城下の豪商達の手配りがあったと記している。

県や豪商達は貧しい人々に桑苗、蚕種、蚕具を貸し与え、マユと生糸の売り上げで借財を払うようにさせ、または天引きする方法を講じた。

明治初年この地方は九割までが農民で中期になっても七割の農民が

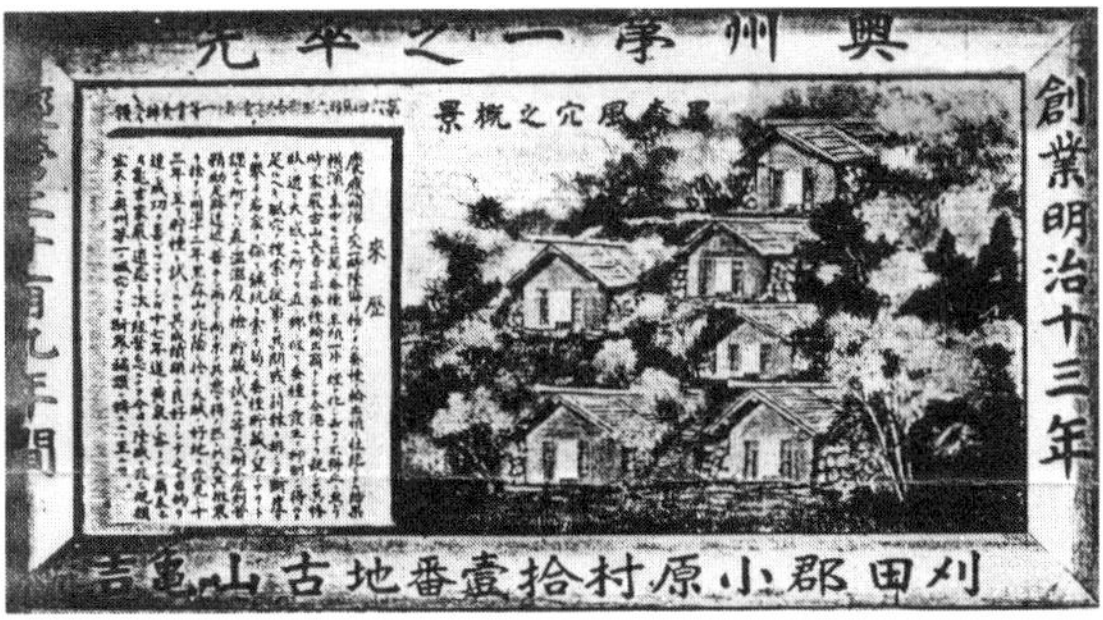

萬蔵稲荷社絵馬（黒森風穴の蚕種貯蔵小屋の図）

副業を必要としたのである。

紙生産も衰えだし農家は自ら蚕種を製し桑苗を育て、蚕飼、生糸作りを一貫としたが、やがて蚕種の自家製造が禁じられ桑苗作り、製糸も専業者が現われ、農民は副業の分《ぶ》を定められていった。

福島、群馬より坐繰機械が取り寄せられ、養蚕も製糸も県外から教師が招かれ、一郡一ヶ所に養蚕伝習所の設置も計画されたのは、明治十年から十一年にかけてのことであった。

その年の秋、長野から蚕種が購入され、秋蚕《あきご》飼育も始められた。やはり古山長吉の風穴利用は、この頃から考えられ、よりよい蚕種をわが村にと願ったのであろう。

運虫を育てる養蚕農家のさまざまな歴史が、この境内に籠っているようであるが、ここの石に刻まれた夫婦《めおと》狐は、寒い国のせいなのか手拭いで頬被りをして澄ましこんでいる。

「ねえ、何か教えて昔のことを」、のび上がってお狐さんの顔をのぞく私に、高橋さんが、「絵馬を見る許しを貰ったから、本殿に行きましょう」と手招く。

「そら、早く行ってごらん、貴女は絵馬が見たかったんでしょう」。

お狐さんは私を少しからかっているようだ。

板戸を一枚だけ開けた本殿は、中まで光がとどかず、絵馬ははっきりしないが、横三尺少々と縦二尺くらいと思われた。暗いまま高橋さんと私のフラッシュが、瞬間絵馬を浮かび上がらせる。大切にされているため色彩は余り損われていないようだが、何しろ薄明りのもとでは、残念だが写真は諦めなければならない。

奉納年月は養蚕盛んな明治時代の末ではなかろうか（後日高橋さんから送られてきた資料によれば、「創業明治十三年」「経営二十有九年間」とあった。前頁写真参照）。

私はまた風穴にいってみたい想いと、あの雨の中、山道で濡れそぼるわが姿を想い浮かべ、心をゆれ動かしつつ、それでも夢になりのと、風穴の見える所まで山道をたどりたいとしつこく願ってもいた。古山長吉は一貫作業が出来なくなって、高い蚕種を買い求める人々の嘆きを見かね、あの山をたずね歩いたように私は、想いを追いつめたからである。

この絵馬は彼の事業成功の感謝とますます発展を願った誓いを、これからも物語ってゆくと思う。彼の業績は多くの養蚕家達に貢献したに違いないから。

あれこれと定まらぬ心を持って鳥居を数えたせいだろう。確かな本数は判らなかったが、赤い鳥居は五百本を越すという。

秋田篇

花に流水を絞った長袢天（仙北郡千畑村）

大館市
古川
(錦木)
鹿角市
能代市
芦崎浜
八郎潟干拓地
琴丘町
北秋田市
男鹿市
潟上市
秋田市
角館町
岩城町
(亀田)
大仙市
千畑村土崎
由利本荘市
横手市
平鹿町
(浅舞)
羽後町
湯沢市
0
15
30km

幻の〝ぜんまい白鳥織〟

夜行列車を乗り継いで降り立った羽越本線羽後亀田駅に、初冬の陽はまだとどいていない。

改札口を出る客は、肩すぼめて寒さに身震いする私一人。さっさと引き籠った駅員さんに、「あのー」と声かけそびれ、三十分かかるという町までの道は、やむなく駅前の案内図にたよるより方法がなかった。

山あいに小ぢんまりとした駅を持つ亀田は、道川村と合併して岩城町と名を変えた。余り知られてはいないが、亀田は秋田県史跡の町に指定されていて、しっとりとした城下町を、秋田県随一という人もある。

明治十六、七年から昭和六年までの、五十年間に満たぬ年月に姿を消した幻の〝ぜんまい白鳥織〟が、この秋田県由利郡（当時）の亀田から織り出されていた。

学問を奨励した亀田藩

亀田の地名は元和九年（一六二三）お国入りした岩城吉隆自らの命名で、岩城氏は以来二百余年、この国を治めているが、吉隆の父貞隆までは福島に城を構えていた。関ヶ原の役で領地を没収され、信州川中島一万石が与えられるまでの浪々生活は、江戸浅草で過していたという。

二万石と加増された吉隆は一七三メートルの高城山のふもとに住居を築いたが、六年後の寛永六年

亀田周辺図

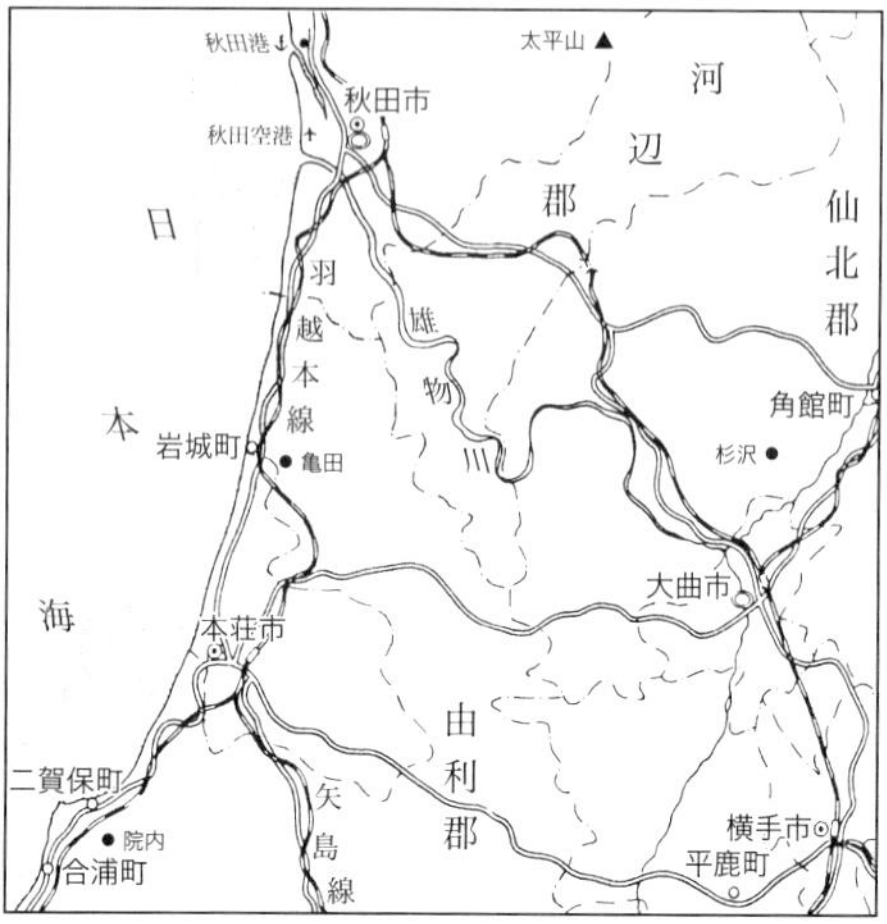

（一六二九）おじの秋田久保田城主佐竹義宣の跡を継ぎ、亀田は弟の子多賀谷重隆が能代桧山より入った。

その重隆の母は真田幸村の娘であったが、亀田に真田六文銭の紋章は残っていても、有名な真田織の技術が伝えられた様子はない。

「学問がなければ人は獣も同然」と申し渡し、住居の中に家臣教育の藩校を開いた四代藩主。その跡は現在小学校となっている。

続いて六代藩主は儒学と医学を独立させ、学舎《まなびや》を町なかに建てた。学問により良き人づくりを願う名君揃いの亀田は、小藩ながら新しい文化をしっかり根付かせた素晴らしい国であった。

歴史を語る藍染めの夜着

町をゆっくり歩いたつもりでも、資料館の開く定時には間がある。庭石に腰をかけ、ようやくとどき出した陽を仰いで時を待つ女の姿を見かねたのか、出勤された資料館の方が窓から、「今あけます」といいつつ手招きさ

右：紅花染の麻で織られた藩旗
左：田中蔵人が藩主から拝領した藍染の夜着

れる。

「まだ何もしていなくて」

当然である。私が早過ぎるのだから……。沢山のスイッチが次々と押され、館内はいっときに明るくなった。灯の色は冷えた体を暖かく感じさせるから不思議だ。

展示室には岩城二万石亀田藩ゆかりの資料が整然と陳列され、ひときわ私の目を捉えたのは、紅花染めの麻で織られた藩旗の美しい色と、藩主より家臣の田中蔵人が拝領した、藍染めの夜着であった。

浪々の主君に仕え、その子吉隆が佐竹家を継ぐ折にも付人として従った岩城家の重臣は、当時藩主ぐらいしか着ることの出来なかった貴重な草綿入りの夜着を与えられて、どんなに感激したことであろう。

竪引両《たてひきりょう》の藩主の定紋と松竹梅が染め抜かれた夜着は、もったいなくて押しいただいたまま、家宝として大切にされたらしく、色あせもなく、聞けば漆箱に入っていたという。

おそらく田中家では使われることがなかったと思われる。

年老いた家臣にわが夜着を贈り、長年の功をねぎらう藩主と、感涙にむせぶ老臣の美しい主従愛が伝わってくる。

右：模様が楽しい染絣
左：染絣や工夫絣に用いられた素朴な染型紙

白鳥の羽とゼンマイの産毛

私がここを訪れた目的の〝ぜんまい白鳥織〟は、年代が新しいためこの展示室にはなく、係の斎藤さんにたずねると、整理中らしく倉庫に保管してあるとのことであった。

その前に「こんな物もありますよ」と見せられたのは染型紙で、この土地で彫られたらしい型は、伊勢型紙の精巧さはないが、これによって染絣や工夫絣が織られている。

「これです」と取り出された細帯は、藍で染められたものと、ハマナスの根を染料とした焦茶色の二本で、ところどころに白い点が浮いていた。

白鳥の羽毛はその白い点だという毛織物に似た柔らかい手ざわりの中で、私は亀田で織物が盛んになった年代を逆のぼってみた。

享保二年（一七一七）新潟の村上より織物指導者が岩城氏によって招かれ、藩政時代、士族の婦女子に至るまで生産に励んだというのが伝わる歴史であるが、それ以前は全く衣に関わる文献はない。

ただ、東北でも青森、秋田地方にはぜんまい機《ばた》が古くから織られていたらしいというのみで……。

ぜんまい綿（左）と
白鳥の羽毛

おそらく麻糸にからめて布にしていたか、草綿がゆきわたるまで綿のように寝具に用いていたのかも知れない。綿の普及で木綿糸と混織する知恵は、突如生まれたのではあるまい。最初私が考えていた綿の量ふやしだけではなく、別の特色も多いようであった。

湿気をさえぎり、水をはじき、生地に弾力がある丈夫な布は、冬寒い国で合羽などに重宝され、着物、帯、座布団地と用途が広かったようである。

春四月末の秋田地方、特に山形との県境にそびえる鳥海山の裾野にはゼンマイが繁茂する。芽生えて三〇センチくらいのうちに食用とするため、人々はゼンマイ採りに励む。〝の〟の字に固く芽を巻いたゼンマイの深い緑の茎は、金茶の産毛《うぶげ》が柔らかい体を守っている。採《つ》みとってすぐ茎からしごかれた産毛を寄せ集めて〝ぜんまい綿〟とするのであるが、誰がこれを衣服に採り入れようと思いついたのであろう。

〝ぜんまい白鳥織〟の帯に続いて、私の手には、乾ききって色も濃くなった〝ぜんまい綿〟が乗っている。

握りしめればほとほと温か味が伝わってくる〝ぜんまい綿〟のひとつまみは、いったい何本のゼンマイから取れたのであろう。一枚の布になるにはどれだけのゼンマイが、とせつなく思いつめたが、あっと気がついた。

食用にするゼンマイを採るのであって、わざわざではない。昔人は生活の知恵を巧まずして生み出す。

亀田に限らず東北地方の子供達はこの〝ぜんまい綿〟を丸めて、上から色とりどりの糸を巻いた手まりで遊んだそうだ。

〝ぜんまい白鳥織〟を商品化

江戸中期より木綿縞の亀田地織は商品化されていたが、明治に時代が移ると、品質も良く値も安い新潟の木綿織りに押され、百軒近い織物業者達は対策を講じる事もないまま、生産量を落していった。

明治十七年遠国より綿を買い付けていた本荘六郷藩の元御用商人佐藤雄次郎は、この地方で自家用に織る〝ぜんまい織〟を商品化しようと考えた。

〝ぜんまい綿〟の手紡糸を緯《よこ》糸にして布を織り上げ、さらに草綿と混ぜあわせて糸にする工夫もされたと思う。

白鳥の羽毛が織りこまれたのも彼の案である。

限られた近郊で商品となっていた〝ぜんまい白鳥織〟が全国に知られるようになったのは、明治三十年に香川県で開かれた国益品博覧会に出品して有巧賞を受け、同三十六年の大阪における内国博覧会で一等賞を得てからであった。

その人気は大変なもので、明治二十六年に三十七反であったものが、同三十七年四千反、同四十年五千反、大正十年頃には七千反と生産量がふえている。

しかし新しい時代がネルを作り出すと、需要は急に少なくなり、昭和六年に生産を中止した。最後の数量は二百反であった。

国内ばかりでなく韓国、台湾、中国まで輸出されていた時代の亀田の町は、今では想像も出来ないほど活気にあふれていたことであろう。


幻でよいのではないか……


町では伝承織物として〝ぜんまい白鳥織〟の再現が試みられ、有志の婦人達が研究に励んでおられる。その中の一人山崎さんに織り場を案内され、試作中の布地を拝見したが、ぼとっと暖かい〝ぜんまい綿〟のかたわらの、ふわふわそよぐ白い羽毛に首をかしげた。

「それは白鳥の毛と違います」と言いかける山崎さんの言葉を、聞いてはいけないと私はさえぎってしまった。

「こんな無理をなさらずとも、幻でよいのではないか。しいて織るのなら、〝ぜんまい綿〟と木綿の混織だけでも昔はよみがえるはず」と言いたかったが、熱心に再現のため努力なさる苦労を思うと、言葉には出せなかった。その後研究は進んでいるだろうか。

白鳥は十月下旬より青森小添、秋田八郎潟に群れをなして飛来し、翌年三月に帰ってゆく冬鳥である。

潮、沼、入江、海湾、水田に餌を求めて棲む。亀田のどこに冬を越す場所があるのだろう。私はしぐれてきた空を見上げ、山から野原、田畑へと目を移した。

〝ぜんまい織〟に織り込まれた白鳥の羽毛は、群れなす鳥達の落羽だったかも知れない。それとも白い羽もつ他の鳥であったのか――まだ囁きが聞こえてきそうな帯を、私はずっと握りしめたままであった。

帯は「後の世の人がどう思おうとも、役目を果したからいいのです」というように、静かに倉庫の中に戻ってゆく。新しい資料館が出来れば常設品となって、亀田を訪れる人に昔を語りかけてくれるだろう。

織り場からの帰り、ふと小高い山裾に小さな鳥居のあるのが目に入った。聞けば白鳥神社という。「でも殿様ゆかりの神社だから、白鳥には関係ありません」と言われたが、なぜか気にかかった。

ひょっとしてこの地で命終えた白鳥を、昔は神と信じて葬ったのではないか――私は勝手な想いを打ち消したが、今思えば、亀田で機織った女達《ひと》の恩人は藩主ではなかったか。やはり行ってみるべきだった。でも私の心の中に二人の秋田美人の細やかな人情とともに、亀田が懐しく思い出される。

目をつぶれば行けなかった社《やしろ》のあたりに、ホッホ、ホッホと啼いて地上を歩き、グアー、グアーンと羽広げて空を舞う白鳥の姿が絵のように描かれる。亀田にこの鳥が訪れていたのは遠い昔だというのに……。

小田巻の里

昔むかし、亀田領の下黒川に小田と呼ばれる里があり、百姓の藤助夫婦によねという美しい娘がいた。

村一番の機織り上手と評判のよねはある日、狩りの途中の殿様に見初《そ》められ、たっての所望で亀田のお城にあがることとなった。

美しいだけでなく心優しいよねは殿様に愛され、華やかな暮しを送っていたが、なぜか日に日にやつれ、小田の里に帰りたいと願ったが許されぬうち、病の床についてしまった。まだ半年と過ぎてはいなかったが、ようやく家に帰ることが出来た。

よねが病気になったのは、お城暮しが合わないのではなく、親に話せぬ恋人との別れが辛く、心が塞《ふさ》いでいたからであった。

以前の暮しに戻り元気になったよねは、また機織りを始め、恋人も再び通ってくるようになった。若い武士姿の恋人は親の許しを得たいため、姓名や住居をたずねるよねに、「そのうち」といって身分をあかさず、いつも夜の明けぬうちに帰ってしまう。

よねを可愛がって育てた婆やは、思い余って悩むよねの様子に身籠ったことを知り、訪れた武士が帰るとき、そっと袴の裾に糸のついた針を刺した。

手繰っておいた糸がするするのびきると、糸車がカラカラと鳴り糸はどんどんのびてゆく。

やがて糸車がカランと止まった。部屋の隅で息をひそめていた婆やはそっと夜明け前の道に糸をたどって家を出た。

星に光る白い糸が教える道は山に向い、とうとう小田山に入り、芦茂る沼まで続いた。この沼は炭焼きや草刈る人が通るだけで、村人達はめったに立ち入らない山奥にある。

よねを安心させたいと必死に駆けた婆やは、沼で手がかりの糸を見失い、武士の姿もないことでがっかりしていると、芦の陰から苦しそうなうめき声が聞こえるので、近寄って見て驚いて震えあがった。

大きな蛇が体に糸を一杯巻きつけもがき苦しんでいる。キラリと光る針は尾に突きささっている。よね様が恋い焦がれておいでのお武家様はこの沼の主であった。わしは悪いことをしたのか、良いことをしたのか――わけが判らなくなった婆やは、夢中で手を合わせ祈り出した。

「恐いはずの沼の主も哀れ、よね様はなお哀れ、どうぞお助けを、お助け下さい、よね様を……」

叫ぶような祈りの声は静かな沼の水を波立たせ、樹々をゆさぶってまだ明けやらぬ空に流れてゆく。祈りにこだまするように、どこからともなくこう告げる声があった。

「娘を菖蒲湯に入れなさい。大蛇は大蛇を知る者のために亡ぶべし」

婆やの目に日頃信心する千手観音のお姿が現れた。いつの間にか大蛇の姿も消えている。婆やは急いで家に帰り、よねをただちに菖蒲湯に入れた。

気を失ったよねの体から、小さな蛇の子が次々と出てきて湯に沈む。

翌朝沼の大蛇は山の頂きで息絶えていて、理由を知らぬ村人達は沼の主、八大龍王を供養しようと、

あの山の向こうに小田巻の里がある

山頂に祠《ほこら》を建てた。

小田の里がいつしか小田巻の里といわれるようになったのは、大蛇が糸を巻きつけていたためだろうか。

その小田巻沼に行きたいと私が言い出すと、土地の人々はとんでもないと手を振り、草生い茂って道もなく、蛇が多いから駄目と真剣に止める。

「ではどちらでしょう」と聞けば、「あの山の向こうだ」と指をさす。

この伝説は奈良の三輪山神話を起源としていて、全国に分布している。妻問いに通う男の着物に麻糸をつけた娘の父母が、翌朝糸道をたどり行き、相手を三輪の大神と知る。

『古事記』、『日本書紀』では苧環《おたまき》と記され、苧は麻、環は輪の形をした宝の石という意味があるから、機織りに使う麻糸を巻く糸巻きと解釈すれば、字が変わっていても、〝おだまき〟の語は大切な物を示し、機織った地には必ずあったと思われる

神話では、宿った神の子は長じて立派な人物になる筋だてであるが、土地によって、三月三日の桃酒、五月五日の菖蒲湯、九月九日の菊酒で子を流す形に変わるのは、節句の由来を正確に理解出来なかったか

らかも知れない。

「いずれにしても昔、麻とれた里には似通った話が残っています」と、機織り学ぶ若い人達の集まりで語り終えると、手が上がり、遠慮がちな声で「よねさんはそれからどうしたのでしょう」と問う。

「婆やの計らいで子をなくした悲しみに耐え、機織って暮したのではないでしょうか。優しいよねさんはきっと良い人に出会って、幸せになったと思いますよ」

私は遠い小田巻の里を想い浮かべながらこうしめくくった。

「そうですね、きっとそうです、よかったわ」。この可愛い声も秋田まで必ずとどくだろう。

優しい現代の機織り娘達が心をこめて織り上げるきものを身にまとえる幸せを、私はしみじみとかみしめていた。

ツヅレボロのある村

一日に六本と限られた時刻表を見て考え込む私に、バスセンターの案内係は、「これからじゃ帰れません」と案じてくれる。

翌日奥羽本線大曲駅から、仙北郡千畑村土崎行のバスに乗りこんだ私は、呑気というか、のどかなローカルバスに驚いた。

停留所ごとの乗客に年配者が多く、そのお爺さんお婆さん達は、車内で会う顔見知りに、立ったまま長々と挨拶を始める。

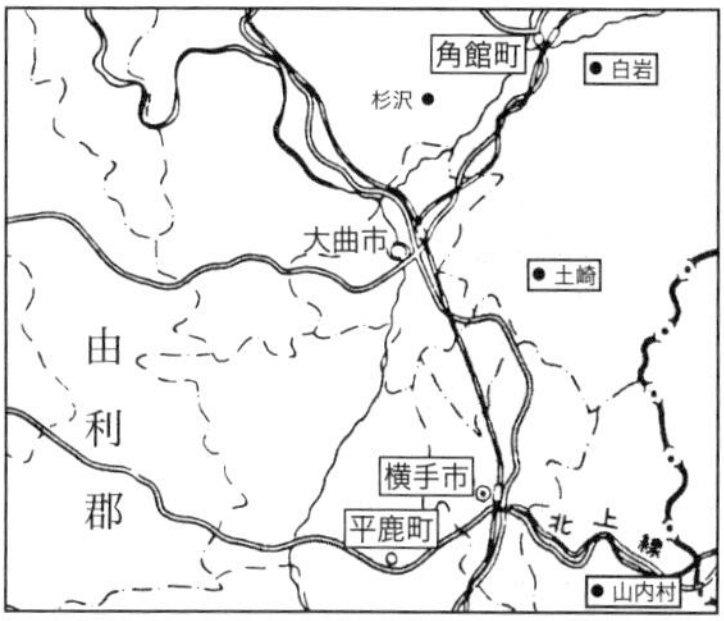

大曲・横手周辺図

まだ話し足らぬように言葉の尾を引きずって、ようやく座席に腰をおとす人達を見とどけ、バスはおもむろに発車し、これをバス停ごとに繰り返す。

またまたびっくりしたのは、腰の曲ったお婆さんが、走ってくるバスに向って杖と手を振り、ほいよとばかり、ゆっくり止まる車に、悠然と乗ってくる。

驚きが楽しさに変わり、私はこらえきれず運転手さんをほめたたえた。すると「年寄りが車内で転んだらおおごとですからね。この辺じゃあたりまえになってます」

何でもない事のように言われてみれば、東北でもバスを足とする人達は少なくなっているようだし、乗客が大切なバス会社にとって、年配者の利用は有難いのであろう。

色、形さまざまな自家用車が次々とこのバスを追い越して行く。

「私が見つけました」

雨か雪かと気づかわれた空はいつしか晴れ、仙北平野を囲む奥羽山脈は靄《もや》がかかって絵のように美しい。

「靄より冬霞《がすみ》かな」。一人でつぶやいたはずなのに、「靄でしょう、きれいですな」と同感した声は後の座席からであった。「ええ」、あいづち打つ私は「どちらまで」と問われる。

「千畑《せんはた》村の郷土資料館へ」との答はその人を前の席に身を乗り出させたようだ。重なる問いは、「何しに」と興味を持たれたようであった。

〝ツヅレのゆぶすま〟の言葉が終らぬうちに、「ほう」と一息つかれた人は、

「あれはわたしが見つけました」

その言葉に、今度は私が後の席に身をよじった。

村の旧家を壊す際、天井裏にあげられていた箱の中に入っていたが、ボロボロだし汚いと皆が言っても、貴重な物だとその人は言い張られたという。

「そのお陰で拝見出来ます。有難うございました」。思わぬ所で礼を言われて苦笑された人は、千畑村での公職を退かれた後、郷土館長を務めておいでになったが、その役もつい先日引退されたばかりであった。

名刺がわりにとノートに記されたお名前は、後松州造《うしろまつしゅうぞう》（七十二歳）とある。町役場をまず訪ねようと思っていた予定は、後松さんに教えられて、教育委員会前でバスを降り、林の中に隣接して明治風建築を残す、小学校分校の校舎を移築した郷土資料館へ直接行く事が出来た。

「こんなボロボロ、何の役に立つか……」

失われゆく郷土資料を残さねばと、後松さんを中心に多くの人々が協力されたお陰で、数々の資料

二人がかりで長持から取り出した
“ツヅレのゆぶすま”

が集められた。その中には衣に関わるものも多い。

しかし旧館、新館にも私がたずねる〝ツヅレのゆぶすま〟は見当らず、教育委員会の高橋次長さんにうかがうと、それは旧館二階の長持の中という。

案内のおばさんは面倒がらずニコニコと重い戸を引きあけてくれる。手もとの鍵束をヂャラヂャラ鳴らし先に立ってくれるおばさんと、再び二階への階段を踏む。

物に触れるたび立ちあがるホコリは苦にならないが、動きを止めると館内の冷えがすっと私達を包み、私は少し身ぶるいをしながら長持の蓋を持ち上げた。

「これだわ!」思わず叫ぶ私の顔をあっけにとられて眺めるおばさんは、「これ運んでこられた時覚えてるけど、こんなボロボロ、何の役にたつかと思ったに、こうしてたずねてくる人もある……」

一人ごとを言うおばさんに手伝ってもらい、床に置くのに、思わず「ヨイショ、ドッコイショ」と言ってしまう。とにかく重いのだ。

ツヅレは〝綴る〟ことで、錦糸を織りこむ絹の綴れ織りは飛鳥、奈良時代からわが国で織られ、祭礼、儀式用や上流階級の衣服に用いられた。現代でも綴れ帯を持ちたいと願う女性は多い。

東北地方でのツヅレは細い布をつぎはぎすることで、防寒用の役をする衣服のことをいう。目の前に現れたツヅレは木綿の小裂《ぎれ》がつぎ重ねられたもので、ほぐしたらどれほどの枚数があるか判らない。ガーゼより薄くなった布に麻や木綿の手紡ぎ糸が刺されている。

この藍の色といい木綿の風合からして、明治、いや江戸末期の物と私は時代を遠くに押しあげた。木綿を一反買うことがめったに出来なかった東北では、古ツギを束で求め、それを綴りあわせて〝ツヅレボロ〟〝チヂレボロ〟と呼び衣服としたのである。

一度用を果たした布は小裂《ぎれ》となって再び人の役に立つ。いいかえれば生命がもう一度与えられるのであろうか。古ツギ束には小絣、縞、無地とさまざまな布が混じる。

一枚つぐにも女の工夫が働いたと思う。〝ゆぶすま〟とは袖のある夜着のことで、その夜着がボロになると〝よぼすま〟と名が変わった。

〝ふすま〟が寝具であることは『万葉集』の中にも見られるが、長い間麻と共存した東北で、いかにツヅレといいえ、木綿の掛布団を持った家はよほど豊かな暮しであったと思われる。

木綿を〝ゆう〟と称した名残りが〝ゆうぶすま〟となり〝ゆ〟と縮まったのかも知れない。

この厚みになるまでに当てがった布の数も計り知れないが、布と布の間を通った針の跡はと、私は何度も何度も〝ツヅレ〟をなでているうち、こんなことを思った。

その尊さを知っていた人が、使われなくなった時代がきても、捨てる事が出来ず天井にしまいこんだのではないかと。

また、この〝ゆぶすま〟は最初はツヅレボロとして、防寒着だった物が度々つぎあわされる事で重

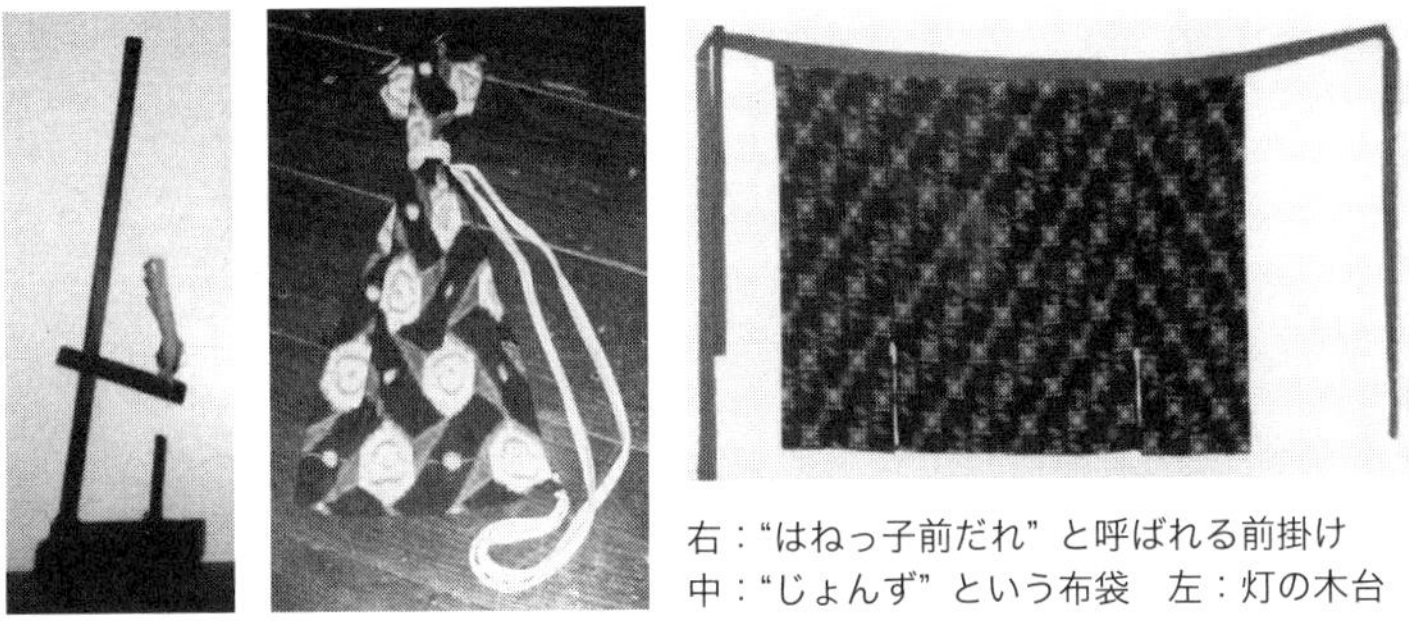

右：“はねっ子前だれ”と呼ばれる前掛け
中：“じょんず”という布袋　左：灯の木台

くなり、洗濯も出来ぬまま寝具になったかも知れない。一枚の〝ツヅレ〟は、私にさまざまな想いごとをさせてくれる。

絣一反と米一俵

「綿が取れない国だから、木綿が大切だったんですよね」

おばさんは「うん、うん」とうなずきながら、「久留米絣一反を米一俵で交換したもんだ」と苦笑する。

高価な絣は嫁入娘の常着や〝はねっ子前《めん》だれ〟という前掛けになって、野良姿を飾ったのであろう。

今、若い人達の間で流行している布袋は、昔からある小幅の布で作ったものと形が似ているが、ここにも絣や縞で作られた素朴な袋が並んでいる。聞けば〝じょんず〟という名があり、一丈の布で表・裏共の袋を作り貴重品を入れたという。

藍ガメや染用具、型紙は桐箱に、少し小ぶりな織機は、珍しいことに床につく部分が箱におさまるようになっている。持ち運びには便利だが、織りづらくはなかったろうか。

火のつく木を芯に笹の葉が固く巻かれている灯《ともしび》の木台を見ていて、私はその乏しい明るさの中での手仕事を思い、きゅんと胸が痛くなっ

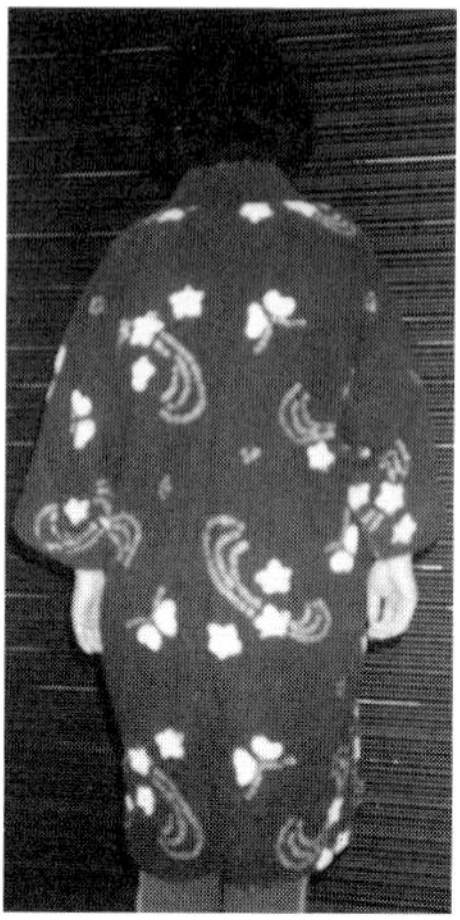

おばさんが着た絞りの長袢天

た。

「あらっ！　熊ですね」と剝製の前を通りすぎようとする私に、おばさんは、「ついこの前捕えられた」と言い、「人を傷つけた」とつけ足す。道路も整備され、近代建築も見かける千畑村にまだこんな部分も残っているのかと私は複雑な心境で熊をみつめた。

旧館から新館に向う廊下の壁に、藍色美しい袢天をみつけた私は、おばさんにまた無理をいって羽織ってもらう。

「いいよ、いいよ、こうですか」。おばさんは横を向いたり、背を見せてくれる。花に流水を絞った模様は素朴であるが、見事な手絞りで白がくっきり浮き出ている。

おばさんのお母さんまでで、この手仕事もする人がなくなったらしい。ヒザが隠れるように長い袢天は、常着と晴着の中間着らしく、他家や親戚の集りや、手伝いのとき着て出かけたそうだ。「前の人に挨拶するとき、短袢天だと後の人にお尻が見えて失礼だから長いのだ」と説明がついたが、寒い国で腰や、ヒザを冷やさぬようおばさんが着た絞りの長絆天にする生活の知恵が、さらりと行儀躾《しつけ》にかわされている。

「昔の母親はこうして娘達に行儀を教えたのね」と感心する私に、そう育てられたおばさんは、「わたしら無学だし、おっ母さもそんな事考えてはいなかった。何も知りませんよ」と謙遜しきりであったが、私はこの女性から多くの事を教わった。

一期一会の恩人はこうして年々ふえてゆく。

修験者がもたらした文化

この千畑村もかつては麻を積《う》み、蚕を飼い糸となし、繰綿買って木綿機《ばた》も織っていたが、その歴史は形に残るのみで、伝わる話はかき消えたというより、途絶えてしまった。

〝衣〟に関わる様々な技術はどこからきて、誰がどう伝えたのであろう。教育次長さんは「昔、真昼岳に籠った修験者がもたらした文化の多い土地です」と言われる。

文化から隔てられた国々では、良きこと悪しきことは行商人達が運んできたが、その人達すら疎遠な国では、宗教家が信仰の導きと共に文化を伝える役を知らぬ間に受け持つ。千畑村もそうであったのかも知れない。

帰り道で岩手県境にあるその山を村人にたずねた私は「この近くで一番高い、ほれ、あの山だ」と教えられた。標高一〇六〇メートルの真昼岳は形よい姿で、冬に向かう空にそびえていた。村人の信仰も深かったお山から、機織る技も伝わったのだろうか。

山と関連もないのに私は〝ツヅレボロ〟の縫目をまた思い出してしまう。荒い針目は他の仕事に追われていたとか、気迷いがあったのではないか。それとも年老いた母親の手仕事やも知れない。細く揃った針道は心晴やかで手の運びも軽かったのではと。

らちもない想いは与えられた物をよりよく生かし、大切に暮らした昔人の、心映えや手のあとの尊い感動からまださめられないのだろう。

後日の調べで寛永二年（一六二五）頃、郡代奉行に任命された中川重頼がこの地方を巡視した折、紅花、麻、楮《こうぞ》を国産とするべく奨励し栽培を教えたというが、もうそれは遠すぎる昔物語となっている。

横手の木綿染めと織り

人の身丈ほど雪の降る横手の町は二月の十五、十六日〝かまくら〟で賑わう。〝かまくら〟とは二メートルくらい積みあげた雪を踏み固め、中をくり抜いて作る雪室《ゆきむろ》のことで、奥に水神様を祀る祠《ほこら》をいう。

お神酒《みき》や供物をした水神様のお札の前で、子供達は火鉢を囲み甘酒を飲んだり餅を焼く。

夜になって灯明をともした〝かまくら〟は雪映えに明るく美しく、不思議と雪の冷たさを忘れる。ぼんぼりの中にちんまり坐る子供達は〝かまくら〟をのぞく人の誰彼なく、

「甘酒あがってたんせ、お餅もあがってたんせ」

勢揃いした
“梵天”

と可愛い声で呼びかけ招く。「御馳走になった甘酒や餅のお礼よ」と水神様の賽銭箱に心づけを入れると、子供達はまたお礼の声を張りあげる。

同じく二月十六、十七日に繰りひろげられる〝梵天〟は、十五尺（四―五メートル）位の細長い丸太に円い筒状の籠をつけ、色とりどりの美しい布や麻糸を長く垂らし、上の部分を太い布で巻き、しっかりと結び、その上に飾りつけをする。

江戸時代に始まったと伝わるこの祭りは、産土神旭岡山神社に五穀豊穣、商売繁昌を祈るためという。

四十本から五十本の梵天を奉納するための先陣争いは、美しさに加えて担ぐ人達の熱気で壮観となり、〝かまくら〟と共に雪国横手の風物詩として観光客を楽しませてくれる。

横手の木綿織り

〝梵天〟に取りつける布は時代の流れで、麻から木綿にと変わっていったはずである。というのも、延宝年間（一六七三―八〇）町で酒造業を営んでいた最上忠右衛門は、常陸から移り住んだ武士達が国もとで機織りの内職をしていた事を知り、彼等に綿を与え、木綿織りを

江戸末期まで藍染業者が軒を連ねた横手川岸

試みたからである。

織り上がる布を染めて店売りを始めると評判がよく、購入量の定まっていた綿だけでは需要が追いつかぬようになり、忠右衛門は久保田の豪商山中新十郎の力を借り、綿の買い入れ地をふやしていった。

文化、文政（一八〇四―二九）には、年二十万反を生産出来るようになった横手の木綿は、販売網も奥州一帯と広くなっている。

天保年代（一八三〇）越後から招いた職工に、数十台の大機台を製作させた忠右衛門は、この織機を貸して縞木綿を織らせた。

当時横手の在までに及ぶ賃機は、その数四百七十台もあったという。

機織りが巧みだった忠右衛門の娘よしは、桃雲寺の住職と鈴木重固なる武士の助けを得て〝竹の節飛白《ふしかすり》〟を工夫すると、士族町でも飛白織りを始める人がふえ〝内町飛白〟と多くの人々に好まれたと伝わっている。

良い布地に染めと絞り

良い布地に恵まれると染色も自然に力が入るものである。忠右衛門の親戚で最初から横手木綿の染めを手伝った久米才助は、紫紺と茜《あかね》だけを染めていたが、享保年代（一七一六―）より、北秋田郡十二所町

横手に今も残る武家屋敷

（現在大館市）の藍を求め、藍染めも始め、横手の産物に染木綿も加わるようになった。

桃雲寺の住職は紙に線香で穴をあけて作った地紋型紙を横手の染物元祖となった彼に与えている。

元文、寛保年代（一七三六―一七四三）藩から四百両の補助金を拝領した忠右衛門は藩と計らい、久留米から絞り師を招き横手に絞りを起した。

よい布と染めが揃えば絞りが出来るのは当然の成り行きといえるが、並々ならぬ努力と工夫が必要であったろう。

横手は先進の知恵を持った最上忠右衛門という、良き指導者に恵まれたのであった。評判となった横手絞りは、天明、寛政年間（一七八一―一七八九）畳絞り、紅絞りと新技法を考え出している。

江戸末期の横手川岸には六十戸を超す藍染め業者が軒を連ね、明治十年から二十年にかけて横手は全盛期を誇った。

年産額、織木綿三十六万反、染木綿四十万反を境に、その後は関東、関西から下る木綿に押され、生産が落ちてゆく。到来《とうらい》物の染めや布の風合と比べれば、地織は野暮ったいと評価されたのであろう。輸入品に人が群がるのは、昔も今も変わりない。

浅舞絞り（寺田伝四郎蔵。『平鹿町史』より）

横手木綿は現在一軒だけ看板を守っている店がある。

浅舞の絞りの着物

横手バスターミナルからわずか三十分ほどの平鹿郡平鹿町浅舞に、私はバスを間違え乗り換えばかり繰り返し、着いた時は夕方近かった。この浅舞には昔から絞り染めがあり、昭和五十七年、技術伝承保存会が発足している。

前身頃の両袖と肩に五葉の松、裾に波、後身頃は鶴が両袖に羽を広げ、裾に亀が向きあう大胆な構図の絞りの着物が保存されている写真をみて、その土地に私は行ってみたかった。

冷たい風に吹きあおられ、裾乱してかけ抜けた町で得た文献には、絞り模様二百種余と記されているが、そのほとんどは伝承されず消えたという。商品となったのも大正時代までで、戦後一時復活したが続かなかった。現存する衣類と二人の技術保持者によって、技法の解明と研究が進んでいるらしい。

横手に近い浅舞は昔から交流があり、この地でまだ藍染めを続ける人もあるのだから、その流れはやはり横手で、起源も同じと私は思う。

七反つづきの白木綿
白で着せるも恥ずかしい
染めてたもれや染屋どの
そこで染屋のいうことにゃ
どこばどゆふうにどう染める
袖は算盤三十染　肩は籠染、みかご染
背中鶴亀、亀遊び　裾は立浪、水車《みずくるま》
くるりくるりと回るよう

浅舞にこんな歌が残っている。暗くなった帰り道、バスの窓にあの大胆な鶴亀絞りのきものがくっきり浮かぶ。見たいのを我慢した私はまた幻を呼んでしまったようだ。

狭布《けふ》の里

十四代仲哀天皇の世といえば、今から千五百年以上をさかのぼる古代となる。

その頃十和田湖の南にある鹿角《かづの》郡古川の里から、幅細い麻布が都に貢ぎ物として納められていた。幅六寸、長さ十八尺から三十三尺に織られていたと伝わる布は、狭布《けふ》の細布《せばぬの》と名づけられ、織りだす国はいつか〝狭布《けふ》の里〟と呼ばれるようになった。

大館周辺図

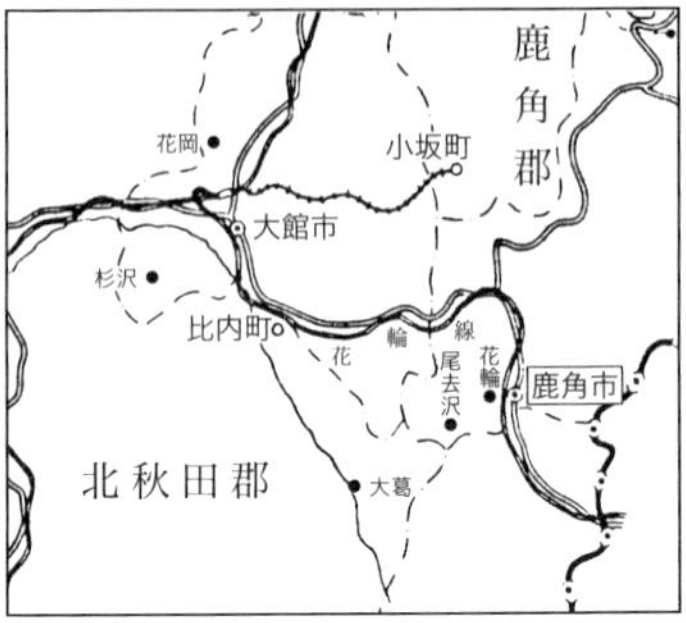

〝けふ〟は「希婦《けふ》」「毛布」の字を用いる時代もあったらしいが、狭《せま》く細いを意味づけるためか、「狭布《けふ》」に落ち着いたようである。

大鷲と白鳥の柔毛

この国を治めた初代郡司、狭名大夫から八代目の当主、狭名大海《おおうみ》には一人の美しい娘があり、名を政子姫といった。

機織りに優れていた姫は、里の娘達に細布織りを教えつつ、貢ぎ物づくりに精を出していた。

ある日、郡司の館にかけ込んできた里人が、鹿角の東にある五ノ宮岳から飛んできた大鷲が幼な子をさらっていった、と訴え泣き悲しむ。

鷲は次の日もその次の日も幼な子を狙った。わが子を守るために仕事を休み、鷲と戦おうとした里人達は、弓矢のほか武器を持たず、幼な子がさらわれてゆく度に恐れおののくのみで、途方にくれる日々をおくるようになっていた。

郡司も政子姫も里人と一緒に悲しむばかりで、良い解決法はみつからなかった。

あるときこの里を通りかかった旅の人が、里人の嘆きの声を耳にして、その理由をたずねた。

悲しい話を聞き終った旅人は、

「いかにも気の毒なことじゃ。皆様の嘆きはもっともだ。すぐにも里内のお子達に白鳥の毛を混ぜた布を織り、着せて下され。そうすれば鸞は、もうお子達をさらいますまい」

そう告げた人の姿は、郡司にこの話を伝えようと走り出す里人の前からふっと消えた。

白鳥の毛を織り込んだ着物を着せるだけでよいのかと喜んだ郡司や里人達であったが、さてその方法を誰一人知らず、困りはてていると、政子姫が「私が織って見ましょう」と進み出た。

「たとえ織ることが判らなくても里の幼な子達を救う道はこれしかないのです。一心に工夫すれば神の御加護もありましょう」

固い決意で身を清め、姫は機場に籠り、里人達はその手助けにこぞって白鳥の柔毛《にこげ》を集めた。やがて工夫叶ったのか、機場からトン・トン・カラ、トン・トン・カラと杼《ひ》の音が響き、これを聞いた里人達の顔には明るさが戻りはじめた。

姫を見初《そ》めた若者と錦木

そんな騒ぎの頃、大湯の草木に住む若者が赤森の市《いち》に錦木を売りに来ていたが、噂の姫を一目《ひとめ》見て心を奪われてしまった。

マタギという猟師が住む里は古川の里より二里半も山をわけ入る。その里長《さとおさ》を父に持っていても、若者と郡司の娘では身分が違いすぎる。

承知しつつも若者は美しい姫の優しさと健気さに恋い焦《こが》れ、とうとう錦木の一束を郡司館の門に立てかけてしまった。

秋になると錦木は美しく紅葉し、黄色がかった赤く可愛い実をつける。それを三尺ほどに切り、想う人の門前に千夜千束、密かに立て通すと想いが実るとされていた。

もちろん門前の錦木の束は、想う人の手で門内に取り入れられれば、「想いを受けましょう」の返事となるのである。

雨風の日、吹雪く夜、口さがない里人のそしりの中も、館の門前に錦木の束は数を増して立ち続いた。

若者の想いを知ってか知らずか、姫の機場から機音の絶える日はなく月日は流れ、やがて三年三ヶ月が過ぎ、白鳥の柔毛が織りこまれた着物は、やっと里中の子供に行き渡り、これで大鷲を恐れなくてもすむと、人々は姫に喜びと感謝の心をささげた。

長い年月かけた仕事の中で、錦木立てる若者の噂は機場にもとどき、いつしか姫に無言の励ましとなっていた。姫は門前の錦木にそっと手をかけ、束を館の内に取り入れようとしたが、その時、父の大海がその手をさえぎった。

身分違いを姫にさとす郡司の言葉を聞いた若者は、その日から食を絶ち、館の門前に立てかけた錦木の束のもとで世を去った。

それは雪の降る夜であったというが、あと一束で千束となる九百九十九夜でもあった。

若者の亡くなったことを知り、毛布織りつくした心労と、嘆きの重なった姫は、若者の後を追うように命をちぢめた。

頑固であったと自らを悔いた郡司は、一束たした錦木とともに、若者と娘の塚を築いたという。

悲しい恋の錦木伝説

後の世に話を伝え送った人々は、悲しい恋に終った二人の塚を〝錦木塚〟と言い添えた。

錦木伝説は様々な形で残され、「若者は千夜を待たず病いで世を去った」とか、あるいは、「川に身を投げた」「娘とは相思相愛であった」などであるが、年代的には〝日本武尊〟の時代で、古代の妻問い婚が起源となっているように思われる。

江戸時代の紀行作家といわれる菅江真澄は錦木伝説に興味を持ち、旅日記にこの里を書き綴っている。また、古歌にも、

錦木は立ちながらこそ朽ちにけり　けふの細布むねあわずして

と詠まれ、石川啄木の歌も残されている。

昔話や伝説は語る人の想いが加わってゆくから、思わぬ内容になってしまうことがある。私も話が生まれた地、残っている地をわが目で見、わが足で探しあて、その原点をみつめると、わが想うままに本筋を守りながらその姿を変えるときがある。なぜこの話が残り伝わるかを確かめ、消えた部分がよみがえってくれれば、こんな嬉しいことはない。消してはならぬ話があるからであり、その解説が少しでも出来ればと願い続けているが思うようにはならない。

〝錦木塚〟の謎

花輪線十和田南駅から商店街を真直ぐに歩くと、左手にわずかに樹木の茂る一画があり、たずねる錦木塚は駅から五分ほどと近かった。

公園となっているその場所は、町の人達は森ともいう。「森の中を行けばいいさ」の言葉どおり、木々をくぐった私は赤い鳥居に首をかしげた。

稲荷堂と気づいて急いで入口に戻り、

「あのう、錦木塚は」

「それ、そこに書いてありましょうが」

「あらまあ、字が読めなかった」

照れて苦笑いした私をあきれたように見る人は、先刻ていねいに教えて下さった人。よくよく見ればその人の前にたずねた人も、妙な女が行ったり来たりしているので、どうしようかなというように、私を眺めておられる。

「有難うございます。すみません」。私の旅はお礼言葉とあやまり言葉の乱発ばかりだ。

公園の奥にある塚までの道は余り人も通わぬのか、落葉が土も芝生も埋めつくし、下駄が柔らかく沈む。

ふと誰かがついてくるように、カサコソと音がする。時々振り返ったが誰もいない。歩みを止めれば音もやむ。後向きに歩いてみると、いたずら者は枯葉であった。

姫と若者との悲恋の物語を伝える錦木塚
（写真右手中央）

この葉はまだ落ちた定めを知らぬのか、仲間を誘って私の裾にまとわりついて遊ぶ。

御影石で柵囲いされた中に、菅江真澄が「犬の伏しているような石」と記したこんもりした石があり、それが錦木塚であった。風化の始まったその石は、あまり特徴もなく、ただの石のように見えてしまう。大きな銀杏と杉の木が、わずかに守ってきた歴史をしのんで下さいというようにそびえてはいるが……。

この塚の中より機織る音が聞こえたとか、物見坂からは美しい女の機織る姿が見えるなど、江戸時代に塚の伝説は謎を引き、ある武士が塚を掘って真相を確かめようとして以来、機音も機織る姿も消えてしまったそうだ。

いずれにせよ、秋田の〝衣〟に関わる話には白鳥の羽のからむものが多い。

郡司の館のあった古川の旧家では江戸百年に至って、藩主に細布《せば》を献上していた古文書が発見されている。それによれば細布は麻織りで、白鳥の羽を織り込んだものではない。狭布《けふ》の時代は既に終っていたのだろう。

羽後亀田で羽毛を布に織り上げた明治の人が、この伝説を信じたとは思い過ぎであろうか。とにかく九百九十九夜、往復五里の道を通った恋が私のいるここで生まれている。

錦木はその灰をもって錦の糸をも染むる

錦木とはどんな木か、降り始めた氷雨を機音のように聞き、遠い世界に身を預けた私は、深々とショールを被った。

そのときふとあることに思いあたった。鹿角には古代から伝わる紫染めと茜染めが今も面影をとどめている。

冠位十二階制度の定まった推古帝（六〇三）の時代、第一位の身分を示す衣の色は紫、第三位は赤であった。

ともに高貴な色だけがこの国に残るのは、古代より染色が発達していたのではないか。それに紫草の根で染める紫色は、いまだに錦木の灰汁《あく》を使うという。

とすると、錦木は単に恋文めいた役割を果すだけの木ではなく、機織る女にとって何よりの贈り物である。千束も貯えれば仕事がはかどる。得がたい木の意味もあって、結納のしるしであったに違いない。

「五色に彩どられる錦木はその灰をもって、錦の糸をも染むる」

伝説にとらわれ過ぎて、私はこの古文書の一節をあやうく忘れるところであった。

手繰りよせた記憶がまた機織る政子姫と、染めに必要な錦木を運んだ若者の悲しい恋をより確かにする。錦木を恋の木としたのは後の世の人かも知れない。

紫は、奈良時代にはなつかしく恋しき人想う色といわれ、平安時代には想う人に情をかける貴い色とたたえられるようになっている。

遠い昔から伝わる話の秘めごとをさぐりあてたようで、寒さを忘れ立ちつくす私に、雨と変わったみぞれは、「もうお帰りなさい」とばかり、少し強く体をたたく。

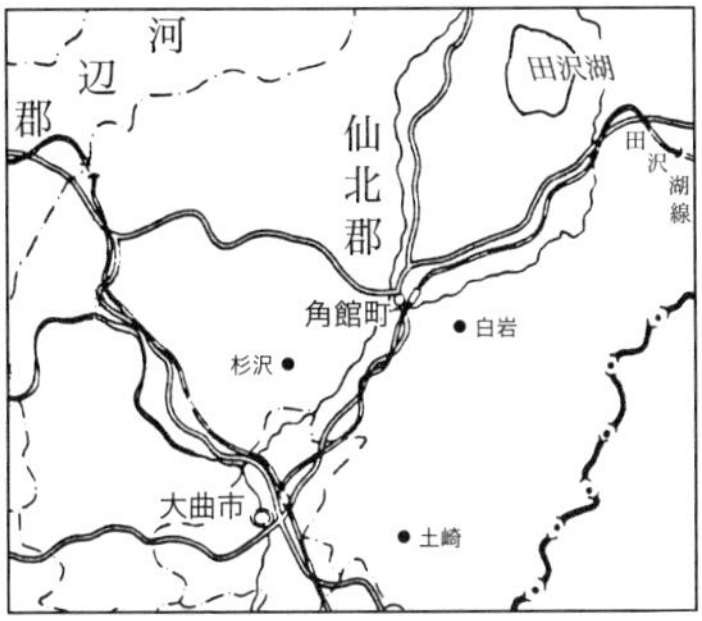

角館周辺図

桑の木のある武家屋敷

みちのくの小京都といわれる角館《かくのだて》は、京都から移し植えた枝垂《しだれ》桜の大樹と、今なお住む人のある武家屋敷をたずねる人で賑わう。

田沢湖線角館駅より町中を抜ける道、あるいは山沿い道のいずれを通っても、火除《よけ》とされた広場に出なければ屋敷町へは行けない。

この火除けを境に、北は内町の武家の住む所で、南側には町屋が並んでいる。

元和六年（一六二〇）秋田藩の支藩として芦名氏、佐竹北家と主は変わったが、城下町の栄えは明治まで続いたという。

私は屋敷町の一番奥にある石黒家をまず目指した。佐竹北家の用人

この道を境に武士と町人の町が作られた

歴史を秘めた武家屋敷がこの道の両側に続く

として仕えた家は、隣りの納戸役青柳家と比べても思ったより門構えが質素で驚いたが、案内書によれば学者の家系であったとか。気骨ある当主が代々住んだと思われる。

細い桑の木があった

現有する武家屋敷の中では最もこの家が古いそうだ。私は管理を手伝っているらしい若い人達に、「桑の木があるそうですね」とたずねた。

今まで聞かれたこともないらしく呆然としていたが、庭を見回す私に連れ立って、しまいにべそをかく。

一部公開されている座敷の濡縁《ぬれえん》に腰をかけ、私は庭を眺めながら「桑の木、桑の木」とつぶやいた。正面に巨石、石灯籠が配され、樹木が鬱蒼《うっそう》と茂る。どの屋

やっと見つけた細い桑の木

角館に今も残る中級武士の屋敷

敷にも大樹があるのは、風や雪を防ぐ役も兼ねているのだろう。

北西に枯山水風の築山を控えて茶室があり、その前の冷たい風に葉を舞わせている細い枝木が桑の木であった。大きな木を想像していた私は、太い木ばかり目で追って、髪にふれる緑あせた葉に気づかなかったのだ。この細々とした桑はこぼれ芽の一人育ちなのであろうか。

集めてきた資料を濡縁で広げた私は養蚕を藩が奨励する以前に、角館で生産されていた山マユの菅《すが》糸から織り出した絹があることを知った。

〝小姫〟と称された緑のマユは、さぞ美しかったであろう。そのマユからとれる生糸に撚《よ》りをかけず、そのまま用いた菅糸は、藩内きっての極上品で、江戸城大奥に欠かせぬ献上絹であった。

武家屋敷の中にある屋敷神

角館の武士達がマユを集め、糸を紡ぎ、絹織りに励んでいたのは宝暦年間（一七五一―六三）という。

この糸で久保田の石川滝右衛門は斜子《ななこ》織を織り、やがて秋田特産畝《うね》織を生みだし、ハマナスの根皮から伊豆の八丈織と変らぬ染料を発見し、秋田八丈を織り出した。

幕末当時、全国一といわれた菅《すが》糸が採れるため、角館における家蚕飼育の技術は、安政二年（一八五五）から発展し、明治時代になって、個人で機場が経営されたが、大正十年角館絹の生産機場は廃業してしまった。

桑の木はその時代に引き抜かれてしまったのであろう。私の前に一枚の葉が散りかかる。この屋敷で蚕が飼われていたとすれば、屋敷と中の間が蚕室にあてられたと思われる。

私は桑の木に「あなた枯れないでいてね」とささやいた。角館で蚕が飼われ、桑つむ時代があったことを、もうあなたしか物語れないのだからと。

握りしめてきた手紙

資料を片づけながら、私はみちのくへの旅立ちに握りしめてきた手紙があったのを思い出した。

千葉県松戸のK呉服店の若い経営者の方から頂いた便りは、

……きもの風土記〔雑誌連載時の表題〕には今まであまり興味もなく（申し訳ございません）。見過ごしてきましたが、ここ数ヶ月、何となく気にして読んでまいりました。そのうち当店の進むべき方向は、こういうきものロマンを語れる呉服屋こそ、これから生き残れる店なのかも知れぬと、漠然と感じるようになりました……（中略）……展示されるきものの前で夢のある語らいをこれからはして行きたいと思います……

ここまで読んで私は目がうるんで先が読めなくなり、暫く桑植わる石黒家の庭をみつめた。拙い文章では一反のきものの直接販売には役立たないが、きものの心を伝えなければいけないのではないかと私が思い、言いたいことを、この若い方はさらりと言い当てておられる。

呉服屋としてまだ不勉強と謙遜される文面にも頭が下がる。若い年代でこれほどきものに対して情熱を持っていらっしゃる方に、私はどう返事を差し上げたらよいのだろう。

長いお便りには旅の重みも承知していらっしゃるようで、お目にかからずとも十年の知己のごとく思われてならない。

断りもなくお手紙の一部を載せたことをお詫びし、若い世代の批評、意見、励ましを頂いたことを、角館より、お礼申し上げます。

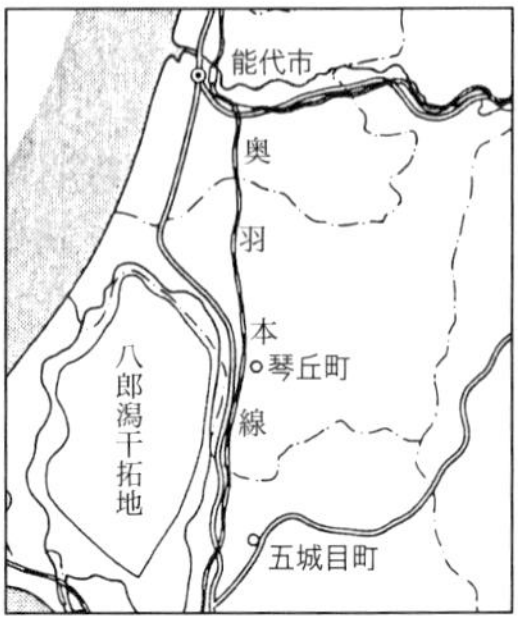

能代周辺図

機織村の豊姫と布晒し沼

日本海沿岸で最も古い港の歴史を持った能代は、かつて淳代《ぬしろ》から野《の》代《しろ》へ呼び名が変わった。

斉明天皇四年（六五八）大和朝廷は蝦夷《えぞ》征伐に黒船百八十隻を繰り出してこの地に押し入ったという。その時戦場の最前線に築かれた出城の野代営《のしろたもり》が地名に残り、やがて能代と字が改まったらしい。

この能代に機織という村があり、織姫と布晒し沼の伝説が残っていると聞き、私は東能代から五能線に乗り換えて能代をたずねた。

奥羽本線が能代に延びなかったのには色々な問題があったらしく、秋田杉の集散地で、わが国一の木都《きのみやこ》と呼ばれる町は、暫く文化から遠ざけられていたようでもある。

機織村と小友沼を訪ねて

機織村と小友沼の場所を市役所にたずねた私は、土木課の土地開発係という場違いのような室に案内されて、とまどってしまった。

書類と地図に埋まった部屋の片隅で示された住宅地図で見ると、能

奥羽本線東能代駅。機織村の中心に位置する

代すなわち機織村であることが判った。東能代までの広い地域は、役所の地区割によればハタオリ第一から第七まで区分されているのである。

昔の人は能代に行くと言わず、機織まで行くと言ったそうだ。地図を説明する人は、「伝説とはほど遠い人間だけれど、あの近くの出身だから指名を受けたようです」と笑われる。

小友沼はその人の幼い頃、冬になると厚い氷が張ってスケート遊びが出来たが、今は昔の面影がないと言われる。貯水池に変わってしまったからだそうだ。

機織村は、佐竹義宣公の元和四年（一六一八）から延宝三年（一六七五）までの五十七年間に、各地より人が集まって村となった新開地であった。

開墾に当たり、藩主自ら奨励した養蚕をこの里の産物とする目的があったためか、伊勢の大神を祀り、地名を機織と定めたらしい。

上方《かみがた》より機織る工女が招かれ絹織ったともいわれているが、それ以前に機織る姫や、布晒した沼の伝説があったのだろうか。

昔、能代港《みなと》の入江の東南にある丘の上に白く輝く物があり、船乗る人々は遠い沖からそれを目印として港に出入りしていた。

白い雲でもなく季節に限りのある雪でもない。その物は人々の感謝と好奇心のうちに確められることになつた。

丘の上にある一向館《やかた》には一人の翁が住んでいたが、いつからか豊姫という美しい女《ひと》が暮らすようになっていた。姫は侍女と共に毎日機を織り、近くの小友沼で布を晒していたのである。

船人が目印としたのは、風にはためく晒された布であった。たずね当てた人は、布は姫の美しさが織りこまれたように素晴らしく、機音は妙なる楽《がく》の音《ね》のように優しく響くと噂を広げた。

桧山《ひやま》はもとより大館《おおだて》、久保田、横手と遠くまで姫の噂はこだまのように流れ、それは天女ではないか、是非わが妻にと願う若者達が、館に通うようになった。

豊姫はその人達に、「〝仏の石の鉢〟〝蓬来の玉の枝〟〝火鼠の皮衣〟〝燕の子安貝〟を持参する方に嫁ぐ」と伝えたが、若者達はその謎を解けず、妻にすることを諦めねばならなかった。

ある年の満月も近い秋の夜ふけ、豊姫のしのび泣きを沼のあたりで聞いた翁は、体の様子でも悪いかとたずねたが、思いがけぬ事を姫から告げられた。

「私は月の世界の者なのです。罪をおかしたため、下界に降りて千枚の布を織って償いをすれば、月に戻れるのです。最後の布を今宵織り上げましたので、間もなく迎えがまいりましょう」

驚く翁に姫は続けて、

「私はこの館に永く暮したいのですが、人間でないためそれは叶いません。今迄のことは夢と思って下さい。それでも思い出して頂けるなら、月の美しい夜に、空を仰いで下さい。これは長生きの薬

現在は貯水池となってしまった小友沼

“養蚕”というバス停

です。それにこの綾織の布は形見に……」と手渡し、迎えの雲に乗った姫は、羽衣をひるがえして天に昇っていった。そのときまばゆい月光の中に芳しい匂いがたちこめ、妙なる楽の調べがこの里をつつんだという。

小友沼は能代から本能代に向う途中の国道を右手に入った丘の下にあるという。〝養蚕〟〝機織〟のバス停名は養蚕だけとなって変更されていた。

「そのうちこれも変わりますね、間に合ってよかった」と言う私に、運転手さんは、「せっかくだから見せてあげたかったに、いつの間に変更したのか」と残念がる。

三反ほどの広さと教えられた小友沼があった現在の貯水池は、満々と水をたたえ、冬の陽ざしを輝かせていた。点々とあった小さな沼をまとめたとも聞いたが、布を乾した丘は、かたわらの小さな沼からよく見える。

「このほうが昔らしい」と運転手さんは懸命に力《りき》む。

今、能代港に入る船は沖合いより鶴の形をした茂谷《もうや》山

豊姫の機織り伝説の舞台となった丘を望む

機織村の田畑の広がりに桑園の名残りはない

を目標にするという。昔の人が目印にしたという晒し布はためいた年代はいつであったのか。伝わる話は年月をあいまいにしている。

堤防より見下ろす田畑の広がりは、佐竹公に従い来た重臣梅津主馬父子二代の執念がこもる。人の身丈越す葦の原野で根株を切り開くのには、察しきれない苦労があったと思う。

それにしても、秋田藩あげての殖産事業で、最初に着手されたはずの桑園の名残りは見事にない。その政策に豊姫伝説やこの沼は、美しく優しい力を貸したであろうに……。

私は沼にたたずむうち、遠い遠い昔、手技人《てひと》の織姫がこの港に流れついたのかも知れないと、想いを空に向けた。

冷たい沼の風に青ざめたらしい私を案

じたのか、「お客さん、沼に入っていくのか、雲を呼んで空に舞いあがるかと気がもめた。ああよかった」と笑う。この人は豊姫伝説を知らない年代である。

能代で機織った時代はもう遠く、思い出そうとする人もないようであった。

糸流川

昭和三十五、六年まで麻布が織られていたという秋田に、麻つくる里はすっかりなくなっていた。汗を吸収し肌にべとつかぬ麻布は夏の衣料としての価値を見直され、最近若い人達の人気を集めている。「シワになる」と遠ざけられた欠点も、「それだからいいのよ」と好まれるに至っては、流行の不思議さをしみじみ感じないではいられない。

根をつめ忍耐すら要求される皮むき、糸積《う》み、布織りは、昔の女仕事というより、女の生活の一部であったが、そんな工程から生まれてきた布という意識を持って着る人はおそらくないだろう。

麻の認識を改める

木綿以前の麻着を思うとき、「私は真冬にも重ね着した」という話に身を震わせたものだったが、奥羽本線の普通列車で乗り合わせたお年寄の話から、認識を改めなければならぬことを教えられた。

山仕事を続けていたお爺さんは、「麻は夏に限らぬといい、わしは冬も欠かさん」と言う。その理由は、麻の仕事着は雪をはねるからという。

先日、「古いものですが」と断って、渋を引いた麻布が送られてきた。私の知恵は夏帯か、夏のれん、もしくは夏の袋と、季節をはなから決めてしまう働きしかない。

寒冷の地に住まぬとはいえ、ただ寒かろう冷たかろうの思い入れは恥ずかしい限りで、勝手な解釈で考えれば、麻の用途は冬でも仕事着の他に、網、袋類、刺し子をすれば上っぱり、帯にでもなるではないか。

確かに木綿の導入は東北地方の衣生活を潤わせたが、豊富に求められるものではなかったはずである。

東北の女性達が祖母から母、そして娘に伝えた〝衣〟の知恵は、麻に限らず楮《こうぞ》、葛《くず》、藤《ふじ》やその他の樹皮から織る物すべてを〝布〟といわせ、遠い昔には〝奴能《ぬの》〟の字が当てられていた。絹織を呉服と称するようになってからは、太布《たふ》、太物《ふともの》と呼んだ。江戸時代の衣類を扱う店の看板には、呉服、太物商と並んでいたはずである。

糸流川にまつわる哀しい話

山本郡琴丘町は八郎潟に面した湖畔の景色美しい集落で、住民は漁を業としていたが、干拓によって舟を下《お》りた。

今は米作る田が広々と見渡せる。麻にまつわる哀しい話が残る琴丘は鯉川と鹿渡《かど》駅の中間にあり、私はここで川を探しあてたかった。

昔、琴丘ヶ村と呼ばれていた頃と思われるが、一人息子に器量よしで働き者の嫁をもらった夫婦が仲むつまじく暮らしていた。

村中に羨ましがられたその家で、親父さんがふとした病気で死んだ。残された母親は淋しさの余り、息子と仲のよい嫁を憎みはじめた。

よく働くのも腹がたち、人にほめられると、なおさら気がたつ。その度に嫁いびりは多く、八つ当りも激しかった。

それでも心優しい嫁は姑の着物を織る仕度のため、秋に入って麻の皮をむき、近くの川にひたした。麻なでをして煮立て、細かに裂いておけば、冬の間に糸積《う》みして布が織れる。

嫁の心づもりを承知しつつ、心の中に鬼が住んでしまった母親は、夜ふけにその麻の束をつないであった縄を切った。麻は母親の見ている前で川下に流れてゆく。

あくる朝びっくりした嫁は、「今までなかったことなのに」と嘆いていた。すると母親は、「始めから糸はなかったろう、織る気のない着物だったに違いない、親を大事に思うなら糸を揃えて出してみよ」の無理を言いたてた。

涙をこらえた嫁は糸を探しに川を下ったが、何日も家に戻らず、そのうち川下で冷たい姿が見つかった。

「おらのせいじゃねえさ」。気の強い母親は知らんふりをしていたが、川に近づくと急に波がざわざわ立ってきて、「鬼婆あ、今に見ていろ、見ていろよ」と、うなり声が聞こえたという。

それ以来、どうしたことか母親が蒔いた麻の種は芽が出ない。どんなに肥《こえ》をやっても出てこなかった。

そして、「嫁っ子いじめた罰」と陰口たたいた村の衆も人ごとではなくなった。村中の麻が育たないのである。

可哀相な嫁を誰も助けてやらなかったからかも知れないと、それから村の人は誰いうとなく、麻糸の流れた川だから〝糸流川〟と呼んだそうだ。

暗い話であるが、優しい嫁が村中に迷惑をかけるはずはない。麻の種蒔いた春か、あるいは苗が育つ夏に天気が乱れ、麻が駄目になったのであろう。それとも麻作ることを時の流れで止めた時代がこの話と結びついたのかも知れない。

鉛色の空が冷たい風を容赦なく吹きおろす。まるで私一人を目がけるように……。


糸流川に小袋が……


糸流川をたずねる人影もないまま私は風に押し出されるように野道を歩き、小さな川のほとりに出た。

橋に名は刻まれていないが、この流れもかつては麻糸をひたしたに違いない。大きな石を重しとしたのか杭につないだものか、影とどめぬ川をのぞきこみ、肩の荷をずりあげた時、小袋がどぼんと川に落ちてしまった。

浅い川とあなどった私の目の下をカメラ、切符と旅の貴重品を入れた袋が流れてゆく。

近くの畑で長い板端《きれ》をみつけた私は、石垣を伝って水をかいた。砂の盛り上がった橋の下は流れがゆるむ。それまでに袋を押さえなければと必死になって、ようやく板が袋を押さえたとき、

「おばちゃん何遊んでるの」

可愛い声がする。見れば学校帰りの男の子が三人。

「袋をとってるの、落したのよ」

「がんばれ、がんばれ」と子供達に励まされ、ようやく私は袋を取り戻し、橋の上に放りあげ、「中を見て」と頼んだ。

「やったァ、やったァ」と喜んでくれた子供達は、全部濡れていないという。夢中で降りた石垣をやっとはい上がりほっとすると、急に震えがくる。足袋から下駄が泥に染まり、きものの裾まで濡れている。

子供達は風よけのように輪になって私を囲み、足袋をはきかえ泥拭う姿を不思議そうに眺める。その間に私は糸が流れた川の話を聞かせた。

澄んだ目の幼な子達に嫁姑の関わりはいらぬことと、一人の女性が糸を大切に思って、哀しいことになったと内容を置きかえはしたが……。

一人の子は「結び方が悪かったんだね」と言い、「麻って何だ」と聞いた子に、もう一人は、先生や母親なら知ってるだろうと言って屈託がない。

暗くなった汽車の窓をみぞれがたたき出した。その窓に白い麻の裂束が小川の中をゆらゆらと流れ、

やがて手を振ってくれた子供達の顔と重なる。
あの子達は今頃、「麻って何だ」と母親に聞いているだろうか……。

木綿憧憬

嘘まければ小駒っ子一匹
木綿一反　親の眼《まなこ》さ針千本
嘘ついたら木綿一反
親の眼さ　針三本
死んでも生ぎても
木綿一反　酒一升
千かけ万かけ紙一帖
木綿一反　酒一升
一駄《たん》　十駄《たん》　木綿一反
お蔵さ一杯　金よこせ
海越えて　山越えて
木綿一反（ハァー　ハァー　ハァー）

元禄時代（一六八八―）芦崎浜の沖で難破した船は、積荷とともに浜に打ちあげられた。荷は当時貴重な綿だったので、浜に近い二つの村の人達が、こぞって奪いとってしまった。船主が訴えたことを知って、村人達は綿を松林に隠したが役人に見つけられ、芦崎と野石の庄屋が呼び出されて詮議を受けることになった。

二つの村は境界争いをしている最中で、芦崎の庄屋は村人のためを思い、綿を隠した場所は当方の土地ではないと否定した。

野石の庄屋は綿の罪を自分で背負えば、松林が野石のものになると考え、綿を隠したのは野石の土地と申し立てた。

野石の村役六人が処刑になったのは元禄七年（一六九四）二月二十六日。野石天ノ山の刑場に芦崎側の嘘が判明した故、罪を許すという早馬が着いたときは、刑が執行されたあとであったという。もう誰も歌わなくなった昔のわらべ唄の「海越えて」という歌詞に綿に関わる昔話を思い出してしまった。

野石の庄屋は弥惣右衛門《やそうえもん》といい、村人達は義民とたたえて石碑を天ノ山に建てている。

綿は寛永年間（一六二四―）頃より秋田領に入っていたというが、限られた量であったと思う。需要が増すにつれ、わらべ唄にあるように、陸路、海路で運ばれてきた綿は、地織木綿として自家用に、あるいは取替木綿として商品化された。

久保田地織、角間川地織、十二所木綿、田村木綿、横手木綿、山新木綿などと呼ばれた木綿織が秋田で織り出されていた。

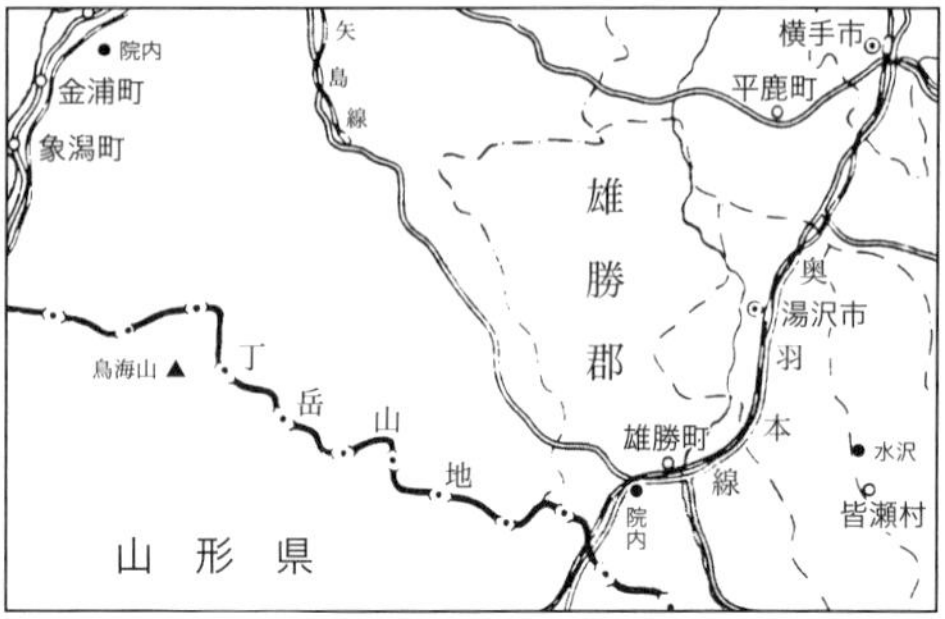

雄勝郡周辺図

木綿の貴重さを思わせるものに、これももう忘れられているが、童《わらべ》達の〝木綿屋遊び〟がある。

柔らかく大きな葉っぱを〝木綿売り〟となった子供が並べている。客になった子供は色々注文しながら葉っぱを選ぶ。木綿屋の子供は客が注文した模様を歯で工夫する。

たとえば縞柄であると葉っぱを二つか三つに折って前歯で噛む。絞りが欲しいといえば奥歯でだんだら模様にする。絣は折り重ねた葉っぱの角を噛むなど、折り方と歯型で色々な模様を考えたらしい。

こんな素朴な遊びを現代の子供達は知っているだろうか。それにしても木綿需要の高まった時代が遊びの中にもしのばれる。

私もこの遊びを知って、縞よ絞りよと噛んでみたかったが、冬枯れの野道、山道に緑の葉はない。これは春から夏の遊びであったろう。

端縫《はぬい》衣裳と彦三《ひこざ》頭巾

Aさん

二年越しに行きつ戻りつした秋田の旅は、雄勝郡羽後町の西馬音内《にしもない》で終ります。

秋田県無形文化財に指定されている西馬音内の盆踊り

秋田県内の三大盆踊りの一つとして知られた西馬音内踊りを、あなたは御存知でしょうか。

国の重要無形文化財に指定された盆踊りは、毎年八月十六日から十八日までの三日間、かがり火に照らされて始まります。

唄は地口という音頭に雁形《がんけ》の甚句を交互に歌い、寄せ太鼓に続いて笛、小太鼓、三味線、鼓《つづみ》、鉦《かね》の囃子方が高い櫓《やぐら》の上から、軽妙ななかに哀調をおびた曲を流します。人々は赤々と燃える火や囃子、唄と一体になって酔い痴《し》れたように、夜を徹して踊り抜くといいます。

いつかお話したかも知れませんが、この西馬音内を私がたずねたかったのは、都《みやこ》風といわれる踊りの手振りを見るためではありません。〝端縫《はぬい》衣裳〟〝亡者《ぼうじゃ》頭巾〟とも呼ばれる〝彦三《ひこざ》頭巾〟を身につける踊りの装束は、聞くからに物哀しさがただよい、興味を超えた何かが私を捉えて離さなくなったのです。

盆踊りの季節に「今年こそ」と思いつつ、西馬音内の土を踏めぬまま年月が過ぎました。ざわめきに心騒がせたい想いと、押し寄せる観光客を心の中でさけたい想いが争ったのでしょう。結局踊りに関わりのない春を待ち望む季節となってしまいました。

奥羽本線湯沢駅から羽後交通バスで三十分、西馬音内街道を走ると羽後町の中心集落西馬音内に着きます。

途中に国の重要文化財指定の三輪神社があります。大和から三輪の大神を勧請したのは、養老年間（七一七―二三）と古い時代です。

室町期の永禄五年（一五六二）藤原秀衡が火災にあった本殿を再建し祈願所として祀っていました。三輪大神は糸に関わる神話を持つ万能の神。境内の須賀神社は江戸初期の正保四年（一六四七）建立ですが、須賀という響きが私の想いの中で、〝すがく〟〝すが〟〝くだ〟につながってゆき、二つの社とも〝衣〟に関わる職能も守られたように思われてくるのです。

藩政時代、秋田では養蚕を奨励し、産物方、絹方という役を設けているから違いないなどと思いつつ、西馬音内の旅をここ、三輪神社から始めました。

また暫くバスに揺られると、参勤交代で栄えた町筋に入ります。この街道は軍事、文化、産業など総てがゆきかう要路で、豊かな商家も残っています。

由利、亀田、矢島の藩主達が上り下りした橋は、禄高を合計して〝二万石橋〟といまも呼ばれています。その頃雨が降り出しました。それもとっても激しく。本当に雨女ですね私は……。

町役場にかけ込んだ私は、大変な格好をしていたようです。職員の方の呆気にとられた顔は、今でも忘れられませんもの。

両肩に頭陀袋《ずだぶくろ》を引っかけ、二つのカメラとノートを手に、雨よけに被ったインド綿のストールは、髪にペッタリとへばりついて、両端からしずくが垂れていました。

「お願いします」の声は喉の奥でくぐもって、「お……ます、おね……ます」と聞こえたと、私が人心地ついて質問がなめらかになった頃、打ち明けられました。「お口が不自由ではなかったのですね」と。

すすめられた椅子に坐るやいなや、ノートをさっと開いた時、筆談かなとも思われたようです。

〝端縫衣裳〟は予想通り、江戸時代のぜいたく禁止令の名残りのきものだと確信しました。

江戸中期から明治時代の女着の紋服に、二枚襲《がさね》、三枚襲があり、その間着は継ぎはぎした女の工夫や、華やかな色彩を胴にはいでありました。

身分の上下を問わず間着には女の想いが秘められていると、二人で袖を通しながら語りあいましたものね。

紋織の帯を垂れ結びにして、赤い縮緬のしごきを左腰に結ぶのも、裾をひいてきものを着た時代の、裾をしごきでかいどって外出した風俗がとどまっているのでしょう。

無地めいた極小紋の、袖と胴にだけ花模様がこぼれるのも、私が保存しているものと変わりません。

この衣裳をつける踊り子は編笠を被ります。

参勤交代が廃止された時、江戸暮しであった女性達は国もとに帰る折、手持ちの衣類を売り払ったため、町人達に武家風の装束や模様の好みが流行したといいます。

西馬音内に持ち帰った女性の衣裳が珍重されたのかも知れません。とにかく武士階級や富裕な商人の妻女、娘達の衣の世界が一部分であってもこの西馬音内に残されていました。

それも黒繻子《じゅす》の襟をかける庶民階級のものとなって……。

Aさん

盆踊りの出発点となる鎮守様は，雨の中に静まりかえっていた

黒子装束に似た彦三頭巾

私は〝端縫衣裳〟を手にとって見たのではありませんが、写真を見て、説明を聞いて内心ほっとしたんですよ。江戸時代、東北地方は天災で苦しんでいます。重く暗いものを〝端縫〟の響きから受け取っていましたから。

もう一つ私の興味をひいている頭巾は、前の長さ二尺八寸、後の長さ二尺二寸、幅一尺一寸の黒い袋を頭からすっぽり被り、〝目穴〟を目の位置に明けます。頭巾がずれないよう豆絞りの手拭で、鉢巻しばりをして止めるのです。

昔は麻や木綿で作ったものが最近は化学繊維に変わっているのも時代の流れでしょう。

写真を見て下されば判ると思いますが、この頭巾は歌舞伎の黒子装束とそっくりですね。頭巾は藍染の絞り浴衣と組み合わされているのですが、異様というより不気味ですね。だから踊る姿をあの世からさまよい出た亡者の踊りというのかも知れませんね。

なぜ、彦三頭巾の名があるのか、いつの時代から〝端縫衣裳〟とともに踊り装束となったかは、全く判りませ

右：杉宮元稲田稲荷神社
左：マユを形どった蚕神

ん。色々な説はすべて口伝えだったからです。

町役場を出て突き当りが、踊りの輪が出発する鎮守様で、雨の中に静まりかえった境内に立っても、一年に三日間華やぐ雰囲気は窺《うかが》えません。

西馬音内の〝衣〟に関わる歴史は踊り衣裳が代表してしまい、麻作った昔も、養蚕の生業《なりわい》があったことすべてが、必要とされず消えてしまったようです。

それでもやっと蚕を飼った証《あかし》の蚕神が、西馬音内に四つだけあることが判り、その一つの杉宮元稲田稲荷神社の境内に車を急がせました。マユを形どった石碑の姿も、刻まれた養蚕神爾の文字も、可愛い花模様の前掛けのように大きいよだれ掛けにくるまれて見えません。まだ蚕飼う人があるのだろうか。あってもなくてもこの蚕神は、他の石仏とともに小屋に入っていました。野ざらしでなくてよかったと、濡れねずみの女が喜んでいるのもおかしなことですね。

ふるえがくるほど冷えた私を乗せた運転手さんはとても博学で、湯沢までの短い時間、私は寒さを忘れました。

Aさん

貴女に西馬音内盆踊りの起源をまだお知らせしていませんでしたね。

私はいつも話が前後してしまいます。正応年間（一二八八―九二）頃より、豊作祈願でこの踊りは始まったようですが、それに西馬音内城主小野寺氏が戦《いくさ》に破れたため、遺族達が鎮魂のため盆に踊ったものと合流したというのが、一般的な伝えなのです。

しかし新藩主の佐竹氏は旧家臣をそのまま西馬音内に土着させています。治安の乱れ、恨みも貧しさもない平穏な里に、亡者がさまようはずはないと思いませんか。頭巾を被った踊りを亡者踊りということに、私は少々こだわっているようです。

身分を隠した武士階級が、踊りの輪に加わるため被った頭巾ではないかと、私は運転手さんに同意を求めました。嬉しいことに賛成の答が返ってきました。

私の知る限りでは、わが国の盆踊りの祖は、京都の六波羅密寺を開山した空也上人です。

それに東北地方では、盆踊りを豊年踊りともいったそうで、盆に秋の実りを願い、先祖の助けを感謝した喜びと、エネルギーの源となる人間の躍動の踊りがそもそもではないでしょうか。

運転手さんは、「マスコミにおらがふるさとの踊りが荒らされる」と嘆き、年に一度の町あげての娯楽がこれからどうなるかとも案じます。旅する身には心得なければならないことと思いました。

宿で盆踊りの伝承図を広げた私はメロディを知らぬまま、手振りを真似てみました。音頭は、

ドンドンナで両手を前に揃えます
ドンナドーンで右足を斜め前に
ドッコイナ、オイトコドッコイ　ドッコイナ

とても駄目です。手と足の位置が判りません。

トンで両手を両側に広げて構える
トンで右足前
トンで両手を顔の前でハの字にして両足を揃える
カンカンで両手を両側へ開き右足を引く

これも駄目です。手と足が思うように動かないのです。


長々と西馬音内を書き綴りました。

私と一緒に旅をしている想いになって頂けたでしょうか。

見極めきれず、書き足りぬことも多いのですが、私はいつもどなたかと同行しているようで、その想いに助けられているのです。一人で問いかけ、一人で答え、見守っていて下さる方々に感謝をしています。

お元気でいて下さい。また、旅の風を贈ります。

三人姉妹の糸競《きそ》い

鳥海山は秋田、山形両県にまたがり標高二二三七メートルと高く、山麓の周囲は約一二〇キロに及ぶという。

日本海に影を落とす山の余りにも美しい姿は〝影鳥海〟と呼ばれ、この山をめぐる二つの国の人々は、それぞれ秋田富士、出羽富士を持つと誇りにしている。

鳥海山の麓では良質のゼンマイが豊富に採れて〝ぜんまい織〟の原料となった事はすでに書いたが、山には〝衣〟にまつわるこんな話が伝わっていた。

昔、小野の里に三人の娘を持つ長者があった。

朝夕鳥海山を眺めて育った娘達は美しく成人し、三人姉妹は機織りに明け暮れていたが、いつとはなくお山の頂きに登って見たいと、三人とも想うようになり、一度でいいからとその願いはつのっていった。

女人禁制の山であるだけに、娘達の望みは容易なことで叶うはずがない。それなのにお山に恋焦がれる三人の心を知った長者は、

「三人のうち一人だけ望みを叶えてやろう。それにはトトコ（蚕）を飼ってマユを作り、その一番長い糸を繰り出した者を鳥海のお山に行かせてやる」

父親の約束に喜んだ娘達は次の日からトトコの飼育に懸命に励んだ。

姉娘は日頃信仰する白山様のお使いである白狐にトトコの飼い方を教えられ、トトコも病まず桑もよく食べて、マユの出来が一番であった。

中の娘は姉様にかなわぬと諦めたが、末の娘は明日父親の前で糸繰り競《きそ》いをすると決まった夜、姉娘のマユを自分のと取り替え、知らぬ振りをしたまま翌朝鍋でマユを煮立てた。

三人がいっときに繰り出した糸の一番長いのは、やはり姉娘の良いマユであったが、それは末娘のものとして認められ、お山行きが許されようとした時、末娘の顔はみるみる鬼女の相と変わり、驚く皆の前から飛び出した。

悪い心を持ってしまっても、まだ想いが断てぬ末の娘はお山を目ざしたが、その行方は誰にも判らなくなったという。

「娘可愛さから軽はずみな約束をした」と悔やむ父親の計らいで、中の娘は山の南に住み、姉娘は鳥海山の東で、高さは一番低いけれど山神様と敬われるようになった。

小野の里は湯沢市雄勝町のあたりと思われる。

町には釆女として都の宮廷で仕え絶世の美女であったと伝説を残す小野小町が、生まれ故郷で晩年を過したとして、小町堂の他にもゆかりの遺跡が多い。

ここから眺める鳥海山は女人禁制の定めがあっても、何としてでも登ってみたいと思わせる魅力が確かにある。

昔話に登場する娘達はすべて美しく、優しいときまっているが、小野小町出生の地ということであれば、山を眺めて暮したという昔話の中の三人姉妹がより美しく、鳥海山にその姿を重ねて想い浮かべてしまう。

飛べるものなら私も飛んでいってみたい。

〝黄金のマユ〟があった

湯沢周辺でも〝衣の原点〟は藩政時代からが僅かに残るのみで、この地方の人達が衣に関わりがあった事柄は、たずねる手段がほとんどといっていいほどなく、途方にくれた私は関口にある秋田県蚕業指導センターをたずねた。

「それ以前の記録は何もないのですよ」

唐突な質問をする女に困られた所長補佐の佐藤さんは、「悪いですね」と気の毒がって下さる。恐縮されては私が困る。消えてしまって当然の〝衣の流れ〟なのであるから。

がっかりして肩落す旅人を慰めようと、女子職員の方が土地で採れたリンゴを御馳走して下さる。

それでも何かないかと資料探しの別室から戻られた佐藤さんは、「これ見たことありますか」と、ぱっと手を開げられた。

「まあ」と「いいえ」を逆にしつつ私は思わず椅子から立ち上がった。

掌に乗ったマユが黄色いのである。

「黄金のマユ、お蚕さんが作ったんですか、染めたんではないですね」

専門用語の説明は私の耳を通り抜け、淡緑の山マユ、淡茶の柞蚕を想い、人間の知恵が自然にせま

るのかと驚き

「虹の七色も可能になるのかしら」と、本当につまらぬ質問をしてしまったそのあとで、「緑の葉を食べるから緑のマユを作るのかと、山マユ作りの祖父にたずねる孫の物語を書いたからです」と、あわてて職員の皆さんの苦笑いをほぐした。

研究中の〝黄金のマユ〟は、日が過ぎると色が退化して淡い色となる。これからどう研究が進むのであろう。

秋田人の優しさは、美味しいといったリンゴが頭陀袋にそっと入れられる。「重いから悪いけど宿で召上がって」の言葉が添えられて。

一番星が輝き出した夕暮れの空に、

「湯沢の駅はどちらでしょう、ここへどうやって来たのかしら」と、道を忘れた愚かな旅の女は、また、情をかけられ、駅まで送って頂く事になってしまった。

ご一緒して下さった方が花輪出身と聞き、私は錦木伝説を夢中で話した。

そうでもしなければ、蚕業指導センターの皆様の好意に見苦しい涙顔を見せてしまいそうだったから……。

夜汽車の窓に泣きべそかいた女の顔が写る。「みっともない」とその顔を叱った私は、ごまかすために握りしめていた〝黄金のマユ〟を振ってみた。

カラカラと可愛いい音を鳴らすマユは、嬉しければ泣いてもいいいと囁く。「うん」とうなずいた私の頬を幾筋も涙が線を引く。

これからもきものの世界には、材質、形態と革命が起きるだろう。原点をふまえて私は、それらを快く受け入れていきたい。

著者略歴

松岡未紗（まつおか みさ）

きもの研究家・収集家，エッセイスト．1980年～87年まで，業界誌『きものと経営』に本書のもととなった「きもの風土記」を連載．また，名古屋市教育委員会による調査をはじめ，国内外の民族調査に衣服担当として参加している．1995年，所蔵する藍染めの古代裂を一宮市博物館の企画展「藍華やぐ」に出品，同展図録の監修も務めた．2005年には岐阜市歴史博物館の特別展に自身の1500点を超えるコレクションの中から400点を出品し，同博物館との共編著による『JAPAN BLUE 藍染めの美』（岐阜新聞社刊）を上梓した．このほか，『呉服手帳』（PR 現代），『藍むかしむかし物語』（絵本，中部伝統工芸会），『きもの浪漫伝説』（PR 現代）などの著書がある．

衣《ころも》風《ふ》土《ど》記《き》 I

2006年 9 月15日　初版第 1 刷発行

著　者　松岡未紗 © 2006 Misa Matsuoka

発行所　財団法人 法政大学出版局
〒102-0073 東京都千代田区九段北3-2-7
電話03（5214）5540／振替00160-6-95814

組版：HUP，印刷：平文社，製本：鈴木製本所

ISBN4-588-30041-5
Printed in Japan

38 **色** 染と色彩　前田雨城 ……… 3200円

46 **箪笥**（たんす）　小泉和子 ……… 3500円

65-I **藍**（あい）I　竹内淳子 ……… 3200円

65-II **藍**（あい）II　竹内淳子 ……… 3200円

68-I **絹** I　伊藤智夫 ……… 3000円

68-II **絹** II　伊藤智夫 ……… 3000円

78-I **草木布** I　竹内淳子 ……… 3000円

78-II **草木布** II　竹内淳子 ……… 2400円

93 **木綿口伝**　福井貞子／第2版 3200円

95 **野良着**（のらぎ）　福井貞子 ……… 2900円

105 **絣**（かすり）　福井貞子 ……… 3000円

114 **古着**（ふるぎ）　朝岡康二 ……… 2800円

115 **柿渋**（かきしぶ）　今井敬潤 ……… 2800円

121 **紅花**（べにばな）　竹内淳子 ……… 3400円

123 **染織**（そめおり）　福井貞子 ……… 2800円

128 **裂織**（さきおり）　佐藤利夫 ……… 2800円

ものと人間の文化史より／価格は税別